普惠金融专辑

公司金融研究

2017 卷第 1 辑　总第 15 期

孙国茂　主编

中国金融出版社

责任编辑：肖丽敏

责任校对：张志文

责任印制：陈晓川

图书在版编目（CIP）数据

公司金融研究（Gongsi Jinrong Yanjiu）. 2017 卷第 1 辑. 总第 15 期/孙国茂主编. —北京：中国金融出版社，2017.3

ISBN 978 - 7 - 5049 - 9215 - 4

Ⅰ. ①公…　Ⅱ. ①孙…　Ⅲ. ①公司—金融—文集　Ⅳ. ①F276.6 - 53

中国版本图书馆 CIP 数据核字（2017）第 232484 号

出版
发行　**中国金融出版社**

社址　北京市丰台区益泽路 2 号

市场开发部　（010）63266347，63805472，63439533（传真）

网 上 书 店　http://www.chinafph.com

　　　　　　　（010）63286832，63365686（传真）

读者服务部　（010）66070833，62568380

邮编　100071

经销　新华书店

印刷　北京市松源印刷有限公司

尺寸　185 毫米×260 毫米

印张　8.5

字数　157 千

版次　2017 年 3 月第 1 版

印次　2017 年 3 月第 1 次印刷

定价　30.00 元

ISBN 978 - 7 - 5049 - 9215 - 4

如出现印装错误本社负责调换　联系电话（010）63263947

编　委　会

目录

公司金融研究

金融排斥与普惠金融：中国城乡家庭调查分析[①]

中央财经大学金融学院课题组[②]

【摘要】 根据2017年中央财经大学金融学院普惠金融课题组对全国31个省市的调查数据，本文深入分析了金融排斥在银行、证券、保险和互联网金融机构四类金融机构的排斥程度和成因。基于金融服务供给方排斥、金融服务需求方排斥和金融生态环境三个维度构建指标体系来评价不同地区的金融排斥程度，并从省域、八大经济区、全国整体三个层面剖析我国城乡金融排斥现状。研究结果发现，四类机构的金融排斥程度由强到弱的排列次序是证券、互联网金融机构、保险和银行；从分省和地区角度看，省域比较看存在明显差异，北部沿海地区的金融排斥度最弱，西南地区和大西北地区的金融排斥强度最强。本文针对各类金融机构以及各地区的金融排斥存在问题提出缓解和消除金融排斥，提升金融普惠度的对策建议。

【关键词】 金融排斥 普惠金融 城乡家庭 金融机构

Financial Exclusion and Inclusive Finance: an Analysis of the Investgation for Chinese Urban and Rural Households

Research Group of School of Finance of CUFE

Abstract: According to the whole country financial exclusion survey data collected by

---

① 本文为国家社科基金重大项目：《金融排斥、金融密度差异与信息化普惠金融体系建设研究》（编号：14ZDA044）的调研成果。首席专家：李建军。

② 本文是在调研报告基础上修改而成的，调研报告执笔人：陈鑫、马思超、朱烨辰、黄贤静、李俊成、何山、邹晓琳、冯雪、黄豪薇、房子心、明洋、刘斯佳、俞渊渊、桑雨等。本文执笔人：陈鑫，由李建军修改定稿。

Central University of Finance and Economics inclusive finance research team in 2017, this paper analyzes the degree and reasons of financial exclusion of different kinds of financial institutions such as banks, security, insurance and Internet finance. We measure the financial exclusion index from the financial service supply, financial service demand and financial ecology environment. Next, we analyze the financial exclusion situation from province, economic area and national levels respectively. The degree of financial exclusion from stronger to weaker in order is security, Internet finance, insurance and bank. The degree of financial exclusion in Northern coastal areas is smallest and in Southwestareas and Northwest areas are deepest. This paper also proposes some suggestions to relieve financial exclusion and promote inclusive finance.

Keywords：Financial Exclusion　Inclusive Finance　Urban and Rural Households Financial Institution

引言

金融排斥与普惠金融是同一个问题的两个不同视角，可以认为正是由于要解决金融排斥问题，才需要建立普惠金融体系（粟芳、方蕾，2016）。金融排斥的概念由 Leyshon & Thrift（1993，1994，1995）提出，并在 1997 年开始成为国外政府部门金融管理决策过程中优先考察的议题。其将金融排斥定义为：阻止贫困等弱势社会团体获得与金融系统的接触。20 世纪 90 年代，我国开始推进银行业市场化改革，在这一过程中，银行撤出农村地区，农业银行的不少分支机构也做了撤并；21 世纪以来，农村信用社向农商银行改制，经营重点也出现了一些变化，使得本来就存在获得金融服务障碍的农村居民、小微企业更难以获得服务。农村正规金融在融资需求的推动下得以快速发展，一方面它们补充了正规金融的不足；另一方面，由于风险与资金成本高，导致个人家庭、企业等的融资成本增加。农村金融发展缓慢以及小微企业融资困难作为我国金融排斥的主要表现形式，严重阻碍了经济包容性增长及普惠金融的发展。

在"2005 国际小额信贷年"的宣传中，联合国提出了"普惠金融"的概念，主要包涵四个方面的内容：从社会群体的角度来看，家庭和企业能够以合理的成本获取广泛的金融服务；从金融机构的角度来看，要求机构内控严密，并且需要接受市场监督以及全面的审慎监管；从金融服务的角度来看，要求可以为消费者提供多样化的服务选择；从金融业的角度来看，金融业需要实现可持续的发展以便提供长期的金融服务（焦瑾璞等，2015）。自普惠金融的概念提出后，我国构建普惠金融体系的步伐加快。2007年中央金融工作会议明确提出要按照"多层次、广覆盖、可持续"的要求建立农村金融服务机构；党的十七届三中全会也提出，要"创新农村金融体制"，必须加快建立普惠型的农村金融体系；党的十八届三中全会首次将"普惠金融"写入中央全会决议，普惠金融发展进入新的阶段。普惠金融理论为现代金融学提供了新的思路。传统金融学是基于市场逻辑的探索，关注市场的效益、规模。因此，金融供给者出于对利益的追求会将服务对象锁定于优质客户，而忽略低收入人群，造成金融供给方排斥。而普惠金融理论是基于社会逻辑的研究，注重市场的均衡，旨在使社会各群体得到全方位的金融服务，使其基本权利得到保障，实现经济的包容性增长。从普惠金融的内涵可以看出，"普惠金融"与"金融排斥"是同一问题的两个方面，具有此消彼长的关系。普惠金融体系建设的重要目标就是促进地区的经济发展，为低收入人群、弱势产业与企业提供必要的金融服务。

金融排斥程度高的地区，难以获得基本金融服务的人数较多，金融普惠性也就相对较弱。普惠金融与金融排斥是同一个问题的两个观察角度，普惠金融只是关注金融的广度，致力于为所有群体提供获得金融服务的公平机会，而不是要求每个人必须享有一定的金融服务。因此，普惠金融并不能完全消除金融排斥现象，但普惠金融体系的建立健全仍然可以有效地减缓金融供给方排斥，其对金融排斥研究的深远意义毋庸置疑。

综上所述，系统深入地对金融排斥问题进行理论及实证分析，构建合理全面的金融排斥指标体系，进一步探究金融排斥的经济与社会效应，并提出缓解金融排斥的对策，对建立健全普惠金融体系，有效解决金融排斥问题具有重要意义。本文以我国31个省市城乡家庭调查问卷为基础，对不同地区居民使用银行、证券、保险和互联网金融的情况和存在问题进行分析，评判当地城乡居民家庭金融排斥情况，提出促进普惠金融发展的对策建议。

一、文献综述

（一）金融排斥的理论演进

金融排斥理论的发展归结为初始期、发展期、新观点期三个阶段，分别主要基于金融地理学、金融发展理论和普惠金融理论三个不同的理论视角，从关注地区差异发展到关注群体差异，从关注金融排斥成因发展到关注发展普惠金融对策。对金融排斥现象研究最早的学者是 Leyshon & Thrift（1993），他们集中研究金融排斥的地理分布问题。金融排斥被描述为一种阻碍个体或特定社会群体获得实体接触正规金融系统的过程，其中地理位置是核心因素（吴亮、俞哲，2015）。

至 2000 年前后，金融排斥理论开始逐渐向金融发展视角转变。金融发展理论视角对金融排斥的成因研究有所发展，诸如收入、社会地位、种族、性别、受教育程度等因素都是金融排斥的影响因素（Devlin，2005），在金融发展理论相关研究的基础上，Kempson & Whyley（1999）提出了金融排斥的六维度综合评价标准，将之前单纯的地理性排斥扩展到地理排斥（Physical Access Exclusion）、条件排斥（Condition Exclusion）、评估排斥（Access Exclusion）、营销排斥（Marketing Exclusion）、价格排斥（Price Exclusion）和自我排斥（Self – Exclusion）。这一标准渐渐成为研究金融排斥的主流评价标准。随着金融排斥问题的研究不断拓展，寻求金融排斥问题的解决方案开始成为研究热点和重点。英国金融服务当局（FSA）提出金融包容（Financial Inclusion）后，作为金融排斥的反面，进而普惠金融体系（Inclusive Financial System）的概念由联合国提出。

普惠金融理论视角成为金融排斥理论的新观点意味着金融排斥的研究重点由问题成因转向了解决方案。李建军（2016）认为，普惠金融应是一种能有效、全方位为社会所有阶层和群体提供服务的金融体系；焦瑾璞（2015）则强调普惠金融体系的目标就是要进一步完善现代金融体系，需要扩大金融服务的广度和深度，从而为需要金融服务的所有人提供平等享受金融服务的机会和途径，并通过运用金融手段来改善民生、促进共同富裕、构建和谐社会。

（二）金融排斥的诱因

1. 金融供给方的客观排斥

从金融供给方角度出发，探究金融排斥的诱因主要包括两方面：一是金融机构出于盈利目标的考虑，其网点设置存在地理选择偏好，金融排斥受地理因素影响；二是金融机构为筛选出高质量的客户群体，所设置的服务供给门槛将部分群体拒之门外。金融排斥的早期研究以金融地理学为首要切入点，因此对金融排斥的诱因研究也是围绕地理因素展开的。Fuller（1998）对美国的金融排斥进行了地理空间分析，结果表明金融排斥具有较强的地理空间倾向，金融机构在经济欠发达地区分布较少。Argent & Rolley（2000）通过研究澳大利亚金融排斥状况得出类似的结论，金融机构更倾向于关闭低收入农村地区的分支机构。Larner & Heron（2002）对新西兰金融排斥的实证研究证实了金融机构分布的地理倾向，研究表明，金融机构更倾向于向经济发展水平较高的地区聚集，使欠发达地区受到了金融排斥。Chakravarty

（2006）指出边远地区金融机构的撤离，减少了边远地区群体与金融机构接触的机会，加剧了金融排斥程度，最终将会导致社会排斥。我国对于金融排斥诱因问题的研究主要从我国金融改革背景出发，围绕农村地区展开。董晓琳、徐虹（2012）以县域金融机构网点分布作为农村金融排斥状况的代理变量，从金融供给方视角分析影响我国农村金融排斥的因素，发现金融机构在进行网点布局时会更加关注城镇人口规模及收入水平。鲁强（2014）认为影响农村金融排斥的因素极为复杂，他通过构建农村金融排斥程度的测算指标发现，价格排斥和营销排斥是影响农村金融排斥的最主要因素。李建军、张丹俊（2015）从中小企业入手，通过构建五维中小企业金融排斥指标体系测度其构成因素的贡献度，发现金融供给方排斥因素占主导，其中地理排斥影响最大。曹廷贵等（2016）从金融机构角度建立小微企业金融排斥分析框架，认为金融排斥度主要受金融机构偏好的影响，其中硬信息缺乏、软信息获取成本高是影响小微企业金融排斥的主要因素。

2. 金融需求方的主观排斥

早期对金融排斥诱因的关注点多在于地理因素，随着金融排斥概念维度的拓宽，研究视角逐步多元化，研究内容由地理因素拓展到收入水平、社会经济环境、政策等方面，研究对象也由金融机构等金融供给方转向了家庭、企业等金融需求方，并将定量分析与定性分析相结合，更加注重实证研究。Kempson & Whyley（1999）运用计量模型，就特定群体为对象研究了金融排斥的影响因素，结果表明金融排斥与民族、文化、宗教信仰、受教育程度、收入水平等个人属性因素具有较强的相关性。Kempson（1999）认为影响金融排斥的主要因素有人力资本市场、收入水平、人口数量、财政政策以及住房政策，其中收入水平对金融排斥影响最显著。Affleck & Mellor（2006）以英国三个街区的家庭为样本进行调查，发现家庭人员的构成、年龄、收入、健康状况等人口属性对金融排斥均有不同程度的影响。高沛星、王修华（2011）基于省级数据，采用变异系数法定量分析了我国农村金融排斥的地区差异，认为形成此差异的主要因素包括收入因素、金融效率因素、就业因素和农业化水平。李春霄、贾金荣（2012）基于陕西省 472 个农户的调研数据，运用回归模型进行了实证检验，发现家庭成员的工作性质、收入水平、文化水平等因素对贷款排斥有所影响，家庭收入水平、劳动力数量、对金融机构是否信任、家中是否有计算机、与最近金融机构的距离等因素对储蓄排斥有所影响。张号栋、尹志超（2016）基于 2013 年中国家庭金融调查数据，对金融知识与中国家庭金融排斥的关系进行了实证研究，发现金融知识对家庭投资类产品排斥和融资类产品排斥均有显著的负向影响，且对投资类产品排斥的影响更显著。

（三） 已有文献的不足和可能改进的方向

综上所述，国内外就金融排斥诱因的分析较为深入，但仍存在一定不足。在研究对象方面，国外学者大多以金融地理学为理论基础，更多从个人和家庭层面对金融排斥的原因进行分析；国内学者是在国外研究的基础上，展开区域层次的农村金融方面的探索，国内外均缺乏对微观经济主体层面的研究。在研究角度方面，已有文献主要从供给、需求、宏观环境三方面分析。然而，多数学者只针对上述三个方面中某一类集中研究。由于金融排斥是多维度、多层次的复杂问题，从某一方面分析并不能充分体现金融排斥多维度的特征。由于指标信息不全面，可能会导致对金融排斥状况和政策效果的错误解读。因此，需要一种尽可能包含多个维度的指标体系来衡量金融排斥。

另外，大多数的金融排斥的研究中所涉及的金融服务种类比较单一，如陈颐（2017）以家庭是否有银行存款或银行贷款作为金融服务可获得性的代理变量，田霖（2011）构建金融排斥城乡二元相对性指数时所使用的指标也只涵盖银行的存款规模、贷款规模、网点数量以及资金利用效率等指标。可见，银行作为提供最基础的金融服务的机构被作为供给方金融排斥的主要研究对象。但是，随着现代金融体系建设的不断完备，证券、保险以及各类新兴互联网金融服务产品也作为居民生活中不可或缺的部分，成为银行服务体系外的重要补充部分，可以让更多消费者获得便捷的金融服务。因此，需要基于现代金融机构服务体系的框架来分类考虑银行、证券、保险和互联网金融四类金融业态对金融消费者的排斥程度。以此，全面细致地研究不同类别的金融机构提供的金融服务的排斥程度，能从金融业务的层面具体分析我国金融排斥的程度与原因，提出针对性的政策建议。

二、金融排斥调研设计

（一） 金融排斥的维度与指标体系

金融排斥一般从金融机构、金融消费者和金融环境角度进行考察。本文将金融排斥的成因归类为金融服务的需求方排斥、金融服务的供给方排斥以及金融生态环境排斥三个维度，并认为金融排斥的根本成因是金融服务的供给与需求不匹配。

金融机构对金融消费者的排斥属于供给方排斥，金融消费者不愿意或达不到金融服务的基本条件属于需求方排斥，由自然、经济与社会环境造成的金融排斥属于金融生态环境排斥。金融排斥的产生，从根本来看是由于银行等金融机构提供的金融服务不能满足某些地区或群体的金融需求，直接原因可以说是银行等金融机构撤并其分支机构造成的金融服务可得性降低。但是，虽然银行等金融机构的决策在金融排斥的过程中起到了重要作用，金融服务的需求方即前文所述的特定群体（个人或企业）也存在着一定的自我排斥性（Cebulla，1999；ANS，2004）。同时，地区的金融生态环境也对金融排斥的程度具有重要影响。

本文所研究的金融服务供给方排斥是指由于各类正规金融机构对金融消费者分类评价，产品定价差别化歧视以及产品面向特定化人群推广所造成将某类不符合条件的群体，排斥到金融服务之外，使其没有机会享受此部分金融服务或获得金融产品，主要包括评估排斥、价格排斥和营销排斥。

金融服务需求方排斥是指金融服务的需求主体自身不需要、不愿意或者自身不具备获得金融服务的条件而未获得金融服务。具体可以分为自我排斥和条件排斥。

金融生态环境是指生态环境中的子系统和人们经济行为的集合。行为经济学和生态金融学认为金融市场的成熟程度以及金融市场中人们的行为存在理性或非理性的特征，可能导致金融生态环境的复杂程度进一步提升，由此加强金融排斥程度。金融生态环境具体包括地理排斥、经济排斥、人文排斥和技术排斥。

为保证金融排斥指标数据的可靠性、真实性以及数据的连续性和准确性，同时满足计算方法符合数学、统计学以及经济学的基本原理，保证评价结果的客观性。本课题组建立如下的金融排斥指标体系，金融排斥指标的内涵参见表1。

表1 金融排斥指标维度与含义

总体类型	具体类型	含义
金融供给方排斥	价格排斥	金融机构对产品进行差异化定价，使得对于某些群体而言定价过高令人难以接受
	营销排斥	金融机构在定位产品或者服务的目标客户进行营销推广时，主动忽视部分群体
	评估排斥	金融机构出于安全性、流动性或者盈利性的需要，对金融消费者设定严格的评估体系，受到不利评估或无法评估的金融消费者享受金融服务的渠道受阻
金融需求方排斥	自我排斥	居民自身主观意愿对金融服务和产品存在排斥，并不主动获得金融产品和服务
	条件排斥	有金融服务需求的居民，认为自身不符合获得服务的条件，而放弃申请金融服务的机会
金融生态环境排斥	地理排斥	金融资源在空间地理位置分布不均或者由于地理环境的天然阻隔使得部分群体的金融服务需求难以得到满足
	经济排斥	地区的经济发展落后和金融市场发展不完善，金融服务往往受到当地居民的抗拒
	人文排斥	不具备健康诚信的人文环境导致金融服务缺失
	技术排斥	由于信息技术落后，难以获得通过信息科技介质普及的金融服务

进一步详细分析家庭是否受到不同类别金融机构提供不同服务的排斥。调研中考察的金融机构或相关业务的划分如图1所示：银行类金融机构提供的服务中，主

要考察居民在获得银行账户、储蓄存款、贷款、汇兑、理财产品方面是否受到金融排斥以及程度如何。在证券类金融机构中，主要考察居民在股票投资和债券投资方面受到是否金融排斥以及程度如何。在保险类机构中，主要考察居民在参与商业保险方面是否受到金融排斥以及程度如何。在互联网金融机构中，主要考察居民在参与第三方支付、网络理财和网络借贷方面是否受到金融排斥以及程度如何。

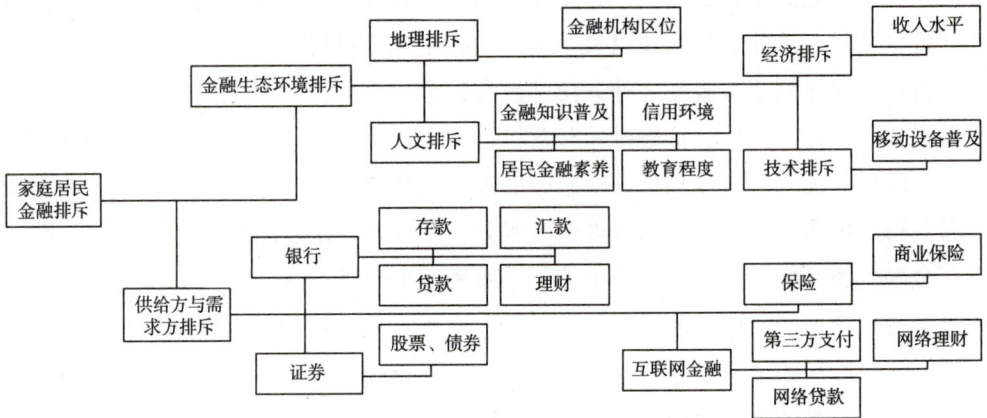

图1 家庭金融排斥问卷设计框架

（二）城乡家庭金融排斥调查问卷的设计

本次调研所指的金融服务提供者主要是银行、证券、保险和互联网金融四类机构，围绕其核心业务在城乡家庭中的普及和使用情况展开。

城乡家庭是否受到金融排斥主要是通过考察该家庭是否获得过相应金融机构提供的业务服务。如银行类金融机构中，居民家庭是否使用过存款、贷款、汇款、理财、网上银行和手机银行等业务，如果该家庭没有使用过该类业务，则认为受到该类服务的排斥，再进一步分析其原因。

城乡家庭受到金融排斥的程度从金融服务供给方的评估排斥、价格排斥和营销排斥，以及金融服务需求方的自我排斥和条件排斥，金融生态环境的地理排斥、经济排斥、人文排斥和技术排斥共九个方面来考察①。

（三）问卷发放与回收数量

城乡家庭金融排斥状况的调查从 2017 年 2 月 5 日开始到 3 月 20 日结束，由中央财经大学金融学院普惠金融课题组完成。在全国 31 个省市共计发放调研问卷

---

① 由于互联网金融不存在地理排斥，互联网金融的排斥程度从余下八个方面进行考察。

12372 份，回收有效问卷 10722 份，问卷有效率约为 87%，每个省份发放问卷的数据基本按照各省的常住人口数量分布，城镇和农村问卷数量比仿照各省的城镇和农村常住人口数量分布，各省发放与回收情况如表 2 所示。

表 2　　　　　　金融排斥调研问卷发放数量统计

省份	问卷发放数量	有效问卷总数量	有效问卷城镇数量	有效问卷农村数量	有效问卷回收率
黑龙江	328	291	123	168	89%
吉林	201	179	97	82	89%
辽宁	355	343	239	104	97%
江苏	717	628	256	372	88%
浙江	502	438	247	191	87%
上海	250	169	155	14	68%
福建	308	249	152	97	81%
广东	952	853	592	261	90%
海南	94	88	51	37	94%
北京	186	166	157	9	89%
天津	108	89	77	12	82%
河北	375	368	165	203	98%
山东	862	741	369	372	86%
河南	454	408	260	148	90%
山西	336	277	192	85	82%
陕西	304	262	127	135	86%
内蒙古	422	406	262	127	96%
安徽	553	393	196	197	71%
江西	445	372	161	211	84%
湖北	474	425	288	137	90%
湖南	731	646	329	317	88%
广西	430	390	263	127	91%
云南	363	295	184	111	81%
贵州	321	279	184	95	87%
四川	622	523	392	131	84%
重庆	254	216	143	73	85%
甘肃	949	812	447	365	86%
宁夏	99	81	63	18	82%
青海	72	49	21	28	68%
西藏	63	58	29	29	92%
新疆	242	228	191	37	94%

三、中国金融排斥现状分析

本文从三个视角来分析中国金融排斥现状，分别是机构视角、分省视角和八大经济区视角。通过设计矩阵量表题目，对居民感受到的各类金融服务的排斥程度进行了比较，其中1代表完全不同意，5代表非常同意。对应的金融排斥程度划分为5级，1级代表排斥程度非常弱、2级代表排斥强度比较弱、3级代表排斥程度一般、4级代表排斥程度比较强、5级代表排斥程度非常强。

（一）全国金融排斥程度：基于金融机构视角

如表3所示，总体来看，我国城乡家庭金融排斥程度处于中等水平，各类金融机构不同维度的排斥指标介于2级到3级之间，个别维度的排斥指标强度较强，超过3级。四类金融机构中，金融排斥程度由强到弱依次是证券类金融排斥指数大于互联网金融类金融排斥指数大于保险类金融排斥指数大于银行类金融排斥指数。城乡对比来看，在四类金融机构的整体排斥程度基本上是农村地区要强于城镇地区。

表3　　　　　　　　　全国四类金融机构排斥指数对比

全国	银行			证券			保险			互联网金融		
	城乡	城镇	农村	城乡	城镇	农村	城乡	城镇	农村	城乡	城镇	农村
评估排斥	2.20	2.10	2.26	2.86	2.87	2.85	3.11	3.13	3.09	2.24	2.14	2.31
价格排斥	2.86	2.88	2.85	2.86	2.99	2.77	2.64	2.68	2.61	2.69	2.62	2.74
营销排斥	3.04	3.15	2.97	2.90	3.00	2.83	2.87	2.93	2.83	2.67	2.62	2.70
自我排斥	2.32	2.27	2.36	2.56	2.52	2.59	2.56	2.57	2.56	2.98	3.05	2.94
条件排斥	2.94	2.98	2.92	2.82	2.81	2.83	2.67	2.64	2.69	2.59	2.48	2.67
地理排斥	2.29	1.85	2.59	2.99	2.73	3.17	2.73	2.52	2.87	—	—	—
人文排斥	2.54	2.47	2.58	2.73	2.30	3.02	2.38	2.24	2.48	2.90	2.73	3.01
经济排斥	2.36	2.09	2.54	2.67	2.31	2.91	2.43	2.21	2.58	2.59	2.39	2.73
技术排斥	2.43	2.12	2.63	2.71	2.40	2.91	2.26	2.03	2.41	2.48	2.21	2.66
平均	2.55	2.43	2.63	2.79	2.66	2.88	2.63	2.59	2.71	2.64	2.53	2.72

从我国银行类金融排斥指数各维度详细指标来看，营销排斥（3.04）、条件排斥（2.94）和价格排斥（2.86）是银行类金融排斥较强的几个方面。银行类金融机构的排斥主要来自银行机构作为金融服务供给方，对金融产品在推广销售、价格评定等方面存在营销范围不广泛以及定价过高等问题，使得部分群体遭到金融排斥。另外，银行类金融产品的准入门槛较高，使得部分客户难以满足获得金融服务的条

件。在金融生态环境方面，农村地区银行业发展环境明显处于劣势地位，地理排斥、经济排斥和人文排斥的排斥程度都显著高于城镇地区。特别是地理排斥，城镇地区的地理排斥程度仅为1.85，相比之下，农村地区的地理排斥程度高达2.59，农村地区银行类基础设施的覆盖仍然不足。

从我国证券类金融排斥指数各维度详细指标来看，地理排斥（2.99）、营销排斥（2.90）和价格排斥（2.86）是证券类金融排斥较强的几个方面。证券类金融机构相比与银行、保险以及互联网金融机构表现出较强的地理排斥程度，特别是在农村地区证券类金融机构的地理区位分布更加稀少，证券机构的地理可及性差也是证券机构没有形成良好的金融生态环境的重要因素。此外，证券机构的供给方排斥是造成城乡居民难以获得证券服务的主要原因，营销排斥、价格排斥和评估排斥的程度均较深，面向城乡居民的金融服务种类不足、服务定价存在偏差以及对客户资质的评估结果难以满足要求等，加重了证券机构的金融排斥程度。

从保险类金融机构排斥指数的各维度指标来看，评估排斥（3.11）和营销排斥（2.87）是造成保险类金融机构金融排斥的核心因素。保险业的评估排斥是四类金融机构中程度最深的，评估难是长期困扰保险行业发展的难题，客户对于保险公司的评估过程和理赔结果的满意程度较低，影响了广大金融消费者参保的积极性。在营销排斥方面，保险公司提供的可供选择的险种未能全面覆盖金融消费者的投保需要，在保险产品销售的过程中，某些产品只针对于特定的群体进行销售，不能覆盖更加广泛的金融消费者。保险类金融服务的技术排斥程度较低，参与投保商业保险对金融消费者个人的能力和金融基础设施的要求不高。

从互联网金融机构排斥指数的各维度指标来看，自我排斥（2.98）和人文排斥（2.90）是城乡居民没有参与互联网金融业务的主要原因。由于互联网金融产品以虚拟网络为依托，因而只有在客户充分信赖互联网的基础上才能开展互联网金融交易。然而，由于某些客户自身的原因尚不能接受此类的虚拟化交易方式，因此对互联网金融产品有较强的自我排斥。在人文排斥方面，互联网金融交易往往是在陌生人之间而非面对面的情况下进行交易的，需要交易双方有较好的信用基础和充分的彼此信任，如果没有形成良好的诚实守信的社会风气，那么人文排斥会成为阻碍互联网金融产品推广的另一重要因素。

（二）各省金融排斥程度对比

本次调研对我国城乡金融排斥现状进行调研，各省金融排斥强度对照表如表4所示。根据前文的金融排斥指标体系，我们编制了全国内地31个省、直辖市和自治区（以下简称省）的总体、城镇、农村的金融排斥指数。我们还从不同银行业、证券业、保险业和互联网金融等机构视角进行分类，绘制不同金融机构的金融排斥强度地图，如图2、图3、图4、图5，来体现不同省份不同类别金融机构在不同省份的金融排斥程度。本部分我们主要针对分省份金融排斥指数表现出的一些基本特征进行概述。

表4　　　　　　　　　　　　　各省金融排斥程度城乡对比

省份	银行			证券			保险			互联网金融		
	城乡	城镇	农村	城乡	城镇	农村	城乡	城镇	农村	城乡	城镇	农村
黑龙江	2.60	2.55	2.64	2.76	2.78	2.75	2.69	2.75	2.63	2.71	2.72	2.69
吉林	2.66	2.55	2.81	2.89	2.89	2.89	2.81	2.74	2.90	2.76	2.68	2.86
辽宁	2.55	2.51	2.64	2.73	2.80	2.69	2.76	2.74	2.79	2.69	2.64	2.79
江苏	2.44	2.32	2.61	2.68	2.54	2.92	2.60	2.51	2.72	2.67	2.53	2.76
浙江	2.39	2.32	2.48	2.76	2.71	2.83	2.69	2.61	2.70	2.60	2.46	2.70
上海	—	2.30	—	—	2.56	—	—	2.65	—	—	2.47	—
福建	2.53	2.53	2.54	2.68	2.54	2.92	2.60	2.51	2.72	2.62	2.46	2.72
广东	2.59	2.51	2.76	2.75	2.72	2.84	2.69	2.62	2.72	2.65	2.57	2.70
海南	2.20	2.23	2.16	2.41	2.42	2.40	2.36	2.36	2.36	2.45	2.36	2.60
北京	1.92	1.94	1.57	1.95	1.98	1.46	2.15	2.16	1.95	1.84	1.86	1.54
天津	1.96	1.98	1.86	1.94	1.93	2.02	2.21	2.24	2.04	2.05	2.11	1.88
河北	1.95	2.07	1.88	1.91	2.07	1.80	2.07	2.18	1.99	1.79	1.92	1.69
山东	2.03	2.03	2.03	1.95	1.93	2.01	2.07	2.04	2.12	1.91	1.87	1.97
河南	2.71	2.66	2.82	2.93	2.86	3.05	2.88	2.85	2.94	2.80	2.76	2.87
山西	2.68	2.64	2.77	2.90	2.78	3.16	2.85	2.79	3.01	2.82	2.75	2.99
陕西	2.57	2.47	2.65	2.83	2.67	2.97	2.80	2.72	2.87	2.75	2.71	2.77
内蒙古	2.30	2.23	2.48	2.50	2.48	2.52	2.41	2.43	2.33	2.55	2.55	2.52
安徽	2.72	2.58	2.83	3.03	2.85	3.19	2.92	2.77	3.05	2.89	2.77	3.00
江西	2.65	2.43	2.82	3.00	2.82	3.14	2.82	2.67	2.94	2.85	2.69	2.97
湖北	2.60	2.52	2.76	2.94	2.89	3.04	2.74	2.67	2.89	2.77	2.69	2.95
湖南	2.61	2.46	2.75	2.89	2.75	3.03	2.76	2.61	2.93	2.73	2.56	2.91
广西	2.82	2.74	3.01	3.12	3.06	3.23	2.92	2.90	2.93	2.92	2.84	2.97
云南	2.65	2.53	2.88	3.03	2.90	3.29	2.87	2.81	2.99	2.80	2.73	2.91
贵州	2.67	2.60	2.79	3.10	3.00	3.28	2.86	2.76	3.05	2.91	2.80	3.12
四川	2.68	2.67	3.05	3.08	3.00	3.39	2.60	2.71	2.53	2.98	2.82	3.08
重庆	2.60	2.65	2.50	3.04	3.06	2.92	2.66	2.59	2.71	2.74	2.62	2.82
甘肃	2.76	2.61	2.93	3.11	2.99	3.25	2.87	2.78	2.98	2.88	2.77	3.00
宁夏	2.87	2.81	3.07	3.33	3.27	3.64	2.91	2.80	3.39	3.06	3.05	3.10
青海	2.43	2.17	2.60	2.65	2.60	2.68	2.44	2.20	2.62	2.38	2.31	2.43
西藏	2.63	2.63	2.63	3.15	3.42	2.89	2.96	2.50	3.46	2.76	2.76	2.76
新疆	2.67	2.72	2.37	3.05	3.04	3.08	2.72	2.75	2.54	2.87	2.84	2.98
平均	2.55	2.43	2.63	2.79	2.66	2.88	2.63	2.59	2.71	2.64	2.53	2.72

表5 　　　　　　　各省四类金融机构的金融排斥程度对比

金融排斥强度排序	银行	省份	证券	省份	保险	省份	互联网金融	省份
1	1.92	北京	1.91	河北	2.07	河北	1.79	河北
2	1.95	河北	1.94	天津	2.07	山东	1.84	北京
3	1.96	天津	1.95	北京	2.15	北京	1.91	山东
4	2.03	山东	1.95	山东	2.21	天津	2.05	天津
5	2.2	海南	2.41	海南	2.36	海南	2.38	青海
6	2.3	内蒙古	2.5	内蒙古	2.41	内蒙古	2.45	海南
7	2.3	上海	2.56	上海	2.44	青海	2.47	上海
8	2.39	浙江	2.65	青海	2.6	江苏	2.55	内蒙古
9	2.43	青海	2.68	江苏	2.6	福建	2.6	浙江
10	2.44	江苏	2.68	福建	2.6	四川	2.62	福建
11	2.53	福建	2.73	辽宁	2.65	上海	2.64	西藏
12	2.55	辽宁	2.75	广东	2.66	重庆	2.65	广东
13	2.57	陕西	2.76	黑龙江	2.69	黑龙江	2.67	江苏
14	2.59	广东	2.76	浙江	2.69	浙江	2.69	辽宁
15	2.6	黑龙江	2.83	陕西	2.69	广东	2.71	黑龙江
16	2.6	湖北	2.89	吉林	2.72	新疆	2.73	湖南
17	2.6	重庆	2.89	湖南	2.74	湖北	2.74	重庆
18	2.61	湖南	2.9	山西	2.76	辽宁	2.75	陕西
19	2.63	西藏	2.93	河南	2.76	湖南	2.76	吉林
20	2.65	江西	2.94	湖北	2.8	陕西	2.77	湖北
21	2.65	云南	3	江西	2.81	吉林	2.8	河南
22	2.66	吉林	3.03	安徽	2.82	江西	2.8	云南
23	2.67	贵州	3.03	云南	2.85	山西	2.82	山西
24	2.67	新疆	3.04	重庆	2.86	贵州	2.85	江西
25	2.68	山西	3.05	新疆	2.87	云南	2.87	新疆
26	2.68	四川	3.08	四川	2.87	甘肃	2.88	甘肃
27	2.71	河南	3.1	贵州	2.88	河南	2.89	安徽
28	2.72	安徽	3.11	甘肃	2.91	宁夏	2.91	贵州
29	2.76	甘肃	3.12	广西	2.92	安徽	2.92	广西
30	2.82	广西	3.15	西藏	2.92	广西	2.98	四川
31	2.87	宁夏	3.33	宁夏	2.96	西藏	3.06	宁夏

注：排斥强度按照由弱到强进行排序。

■	(2.5999999,2.87]
▨	(2.55,2.5999999]
▦	(2.3900001,2.55]
□	[1.92,2.3900001]
	No data

图 2　全国各省银行业排斥地理分布

■	(3.03,3.33]
▨	(2.76,3.03]
▦	(2.6800001,2.76]
□	[1.91,2.6800001]
	No data

图 3　全国各省证券业排斥地理分布

图4　全国各省保险业排斥地理分布

图5　全国各省互联网金融排斥地理分布

如表 5 所示，从城乡家庭受到四类金融机构的排斥程度的平均强度来看，不同省份之间差异较大。其中，北京、河北、天津、山东、海南等省份的金融排斥强度相对较弱，而宁夏、广西、甘肃、四川等省份的金融排斥强度相对较强。从银行业的排斥指数来看，各省银行业金融排斥指数的标准差为 0.2551，变异系数为 10.33%。31 个省中，宁夏（2.87）、广西（2.82）、甘肃（2.76）的银行业金融排斥强度最强，北京（1.92）、河北（1.95）、天津（1.96）的银行业金融排斥强度较弱。从证券业的排斥指数来看，各省证券业金融排斥指数的标准差为 0.3804，变异系数为 14.04%。31 个省市中，宁夏（3.33）、西藏（3.15）、广西（3.12）的证券业排斥强度最强，河北（1.91）、天津（1.94）、北京（1.95）的证券业金融排斥强度较弱。从保险业的排斥指数来看，各省保险业金融排斥指数的标准差为 0.2622，变异系数为 10.04%。31 个省中，西藏（2.96）、广西（2.92）、安徽（2.92）的保险业金融排斥强度最强，河北（2.07）、山东（2.07）、北京（2.15）的保险业排斥强度较弱。从互联网金融的排斥指数来看，各省互联网金融排斥指数的标准差为 0.3403，变异系数为 12.94%。31 个省市中，广西（2.92）、四川（2.98）、宁夏（3.06）的互联网金融业金融排斥强度最强，河北（1.79）、北京（1.84）、山东（1.91）的互联网金融排斥强度较弱。

（三）八大经济区金融排斥程度对比

本文按照八大经济区的划分方法将调研的 31 个省份划分到八大经济区中，分别为东北地区、东部沿海地区、南部沿海地区、北部沿海地区、黄河中游地区、长江中游地区、西南地区和大西北地区。各经济区内包含的省份如表 6 所示。

表6　　　　　　　　　　　八大经济区内省市划分

经济区	包含省份
东北地区	黑龙江、吉林、辽宁
东部沿海地区	上海、江苏、浙江
南部沿海地区	福建、广东、海南
北部沿海地区	北京、河北、山东、天津
黄河中游地区	山西、内蒙古、河南、陕西
长江中游地区	湖北、湖南、江西、安徽
西南地区	四川、重庆、贵州、广西、云南
大西北地区	甘肃、新疆、青海、宁夏、西藏

1. 八大经济区银行类金融机构排斥程度对比

总体来看，在四类金融业态中，银行类金融机构的评估排斥程度最弱。如表 7

所示，银行类金融服务中大西北经济区的银行类金融机构的排斥程度（城乡2.77，城镇2.65，农村2.85）最强，北部沿海地区的银行类金融机构的排斥程度（城乡1.98，城镇1.95，农村2.02）最弱。从各金融排斥指标的不同维度来看，各类金融服务供给方排斥中，对比评估排斥维度发现，西南地区的城镇家庭评估排斥程度（2.58）最强，北部沿海地区的农村家庭受到的评估排斥程度（1.16）最弱，评估排斥的变异系数（0.1740）是9个金融排斥维度中变异系数最大的，这体现出八大经济区的评估排斥程度的差异度较大。对比八大经济区银行业的价格排斥指数，大西北地区的城镇家庭价格排斥程度（3.11）最强，北部沿海地区的农村家庭受到的价格排斥程度（2.04）最弱，价格排斥的变异系数（0.0884）。对比八大经济区银行业的营销排斥指数，大西北地区的城镇家庭营销排斥程度（3.42）最强，北部沿海地区的农村家庭受到的营销排斥程度（2.11）最弱，营销排斥的变异系数（0.09373），营销排斥的中位数（3.18）和均值（3.09）是九个金融排斥维度中最大的，营销排斥的排斥程度较强。

从金融服务需求方的自我排斥和条件排斥来看，条件排斥的程度要强于自我排斥，西南地区的农村家庭自我排斥程度最强（2.77），北部沿海的农村家庭的自我排斥程度最弱（1.73）。大西北地区的农村家庭条件排斥程度最强（3.35），北部沿海农村家庭的条件排斥程度最弱（2.15）。

从银行业的金融服务生态环境来看，城镇地区的金融生态环境要优于农村地区。东部沿海地区、南部沿海地区和北部沿海地区的金融生态环境较好，相比于东北地区和大西北地区而言，具备较好的地理区位优势、较高的金融素养、发达的经济环境和更加先进的金融基础设施。

表7　　　　　　　　八大经济区银行类金融机构排斥程度对比

地区	类别	评估排斥	价格排斥	营销排斥	自我排斥	条件排斥	地理排斥	人文排斥	经济排斥	技术排斥	银行平均值
东北地区	城镇	2.08	2.96	3.18	2.51	2.84	1.94	2.60	2.38	2.32	2.53
	农村	2.13	2.78	2.95	2.50	2.81	2.63	2.52	2.56	2.53	2.60
	城乡	2.11	2.85	3.04	2.50	2.82	2.35	2.55	2.49	2.45	2.57
东部沿海地区	城镇	2.05	2.77	3.20	2.17	2.93	1.77	2.25	1.85	1.87	2.32
	农村	2.15	2.92	3.10	2.33	3.02	2.29	2.53	2.25	2.29	2.54
	城乡	2.11	2.86	3.14	2.27	2.98	2.08	2.42	2.09	2.12	2.45
南部沿海地区	城镇	2.16	3.06	3.23	2.38	3.10	1.92	2.50	2.00	2.10	2.50
	农村	2.30	2.87	3.04	2.37	3.00	2.46	2.63	2.54	2.50	2.64
	城乡	2.24	2.95	3.12	2.37	3.04	2.24	2.58	2.32	2.34	2.58

续表

地区	类别	评估排斥	价格排斥	营销排斥	自我排斥	条件排斥	地理排斥	人文排斥	经济排斥	技术排斥	银行平均值
北部沿海地区	城镇	1.28	2.42	2.64	1.95	2.69	1.60	2.16	1.74	1.73	2.02
	农村	1.16	2.04	2.11	1.73	2.15	2.31	2.04	1.87	2.10	1.95
	城乡	1.21	2.19	2.32	1.82	2.37	2.03	2.09	1.82	1.95	1.98
黄河中游地区	城镇	2.35	2.98	3.22	2.35	3.04	1.85	2.56	2.35	2.27	2.55
	农村	2.53	2.93	3.19	2.46	2.99	2.60	2.66	2.68	2.66	2.74
	城乡	2.46	2.95	3.20	2.42	3.01	2.30	2.62	2.55	2.50	2.66
长江中游地区	城镇	2.14	3.03	3.27	2.25	3.06	1.86	2.60	2.14	2.19	2.50
	农村	2.48	3.04	3.21	2.31	3.12	2.70	2.69	2.70	2.83	2.79
	城乡	2.34	3.04	3.23	2.29	3.10	2.36	2.65	2.48	2.57	2.67
西南地区	城镇	2.62	2.90	3.16	2.38	2.99	2.25	2.66	2.51	2.61	2.68
	农村	2.56	3.06	2.99	2.77	2.96	2.87	2.89	2.93	3.01	2.89
	城乡	2.58	3.00	3.06	2.61	2.97	2.62	2.80	2.76	2.85	2.81
大西北地区	城镇	2.40	3.11	3.42	2.40	3.17	1.92	2.56	2.34	2.53	2.65
	农村	2.48	3.02	3.33	2.48	3.35	2.71	2.71	2.68	2.90	2.85
	城乡	2.45	3.06	3.37	2.45	3.28	2.39	2.65	2.54	2.75	2.77

2. 八大经济区证券类金融机构排斥程度对比

如表8所示，证券类金融机构在八大经济区的排斥程度差距较大，在西南地区和大西北地区的排斥程度最强，在北部沿海地区的排斥程度相对较弱。造成西南地区和大西北地区证券类金融机构金融排斥的原因主要在于证券服务的供给方排斥，其中评估排斥、价格排斥和营销排斥对于金融消费者负面影响均不容忽视。与供给方排斥相比，证券类金融机构发展的金融生态环境并未对证券服务的可获得性产生显著的影响。通过城乡对比发现，在农村地区的金融服务供给虽然不足，但是相对平均，对客户差别化对待的现象相对于城镇地区较少，因此农村地区居民主观感受到证券类金融服务受歧视程度相对较弱。但是鉴于农村地区的经济发展和基础设施建设落后于城镇地区，因此，农村地区的证券类金融机构发展的生态环境相较于城镇地区来说更加恶劣。

表8 八大经济区证券类金融机构排斥程度对比

地区	类别	评估排斥	价格排斥	营销排斥	自我排斥	条件排斥	地理排斥	人文排斥	经济排斥	技术排斥	证券平均值
东北地区	城镇	2.97	2.95	2.93	2.71	2.77	2.93	2.58	2.70	2.80	2.82
	农村	2.76	2.70	2.64	2.63	2.64	2.83	2.59	2.64	2.69	2.68
	城乡	2.84	2.80	2.76	2.66	2.69	2.87	2.59	2.66	2.73	2.74
东部沿海地区	城镇	2.97	3.15	3.17	2.60	2.94	2.63	2.25	2.08	2.16	2.66
	农村	2.87	2.91	2.92	2.73	3.04	3.20	2.91	2.68	2.74	2.89
	城乡	2.91	3.01	3.02	2.68	3.00	2.97	2.65	2.44	2.51	2.80
南部沿海地区	城镇	2.98	3.18	3.13	2.53	2.97	2.74	2.17	2.08	2.20	2.66
	农村	3.00	2.87	2.97	2.51	2.88	2.98	2.77	2.70	2.65	2.81
	城乡	2.99	2.99	3.03	2.52	2.92	2.88	2.53	2.45	2.47	2.75
北部沿海地区	城镇	2.03	1.99	2.12	1.97	2.11	2.24	1.85	1.75	1.74	1.98
	农村	1.65	1.53	1.71	1.76	1.78	2.32	2.32	2.04	1.98	1.90
	城乡	1.80	1.71	1.87	1.84	1.91	2.29	2.13	1.92	1.88	1.93
黄河中游地区	城镇	2.96	3.04	3.04	2.66	2.83	2.61	2.47	2.58	2.54	2.75
	农村	2.98	2.85	2.97	2.76	2.95	3.22	3.20	3.14	2.93	3.00
	城乡	2.97	2.93	3.00	2.72	2.90	2.98	2.91	2.92	2.77	2.90
长江中游地区	城镇	3.03	3.16	3.18	2.62	2.96	2.84	2.48	2.57	2.61	2.83
	农村	3.07	3.14	3.08	2.70	3.05	3.42	3.14	3.12	3.20	3.10
	城乡	3.05	3.15	3.12	2.67	3.01	3.19	2.88	2.90	2.96	2.99
西南地区	城镇	3.22	3.36	3.39	2.75	3.11	3.10	2.53	2.66	2.86	3.00
	农村	3.22	3.12	3.14	2.96	3.11	3.57	3.45	3.33	3.37	3.25
	城乡	3.22	3.22	3.24	2.88	3.11	3.38	3.08	3.06	3.17	3.15
大西北地区	城镇	3.19	3.26	3.25	2.81	3.02	3.04	2.82	2.84	2.93	3.02
	农村	3.14	2.86	2.92	2.70	3.11	3.60	3.47	3.38	3.19	3.15
	城乡	3.16	3.02	3.05	2.74	3.07	3.38	3.21	3.16	3.09	3.10

3. 八大经济区保险类金融机构排斥程度对比

如表9所示，八大经济区保险类金融机构的排斥强度大体相近，排斥强度较为平均。其中西南地区的保险排斥程度相对较强，北部沿海地区的保险排斥强度相对较弱。保险机构存在的金融生态环境较为优越，特别是在北部沿海地区、南部沿海地区更加明显，人文排斥、经济排斥和技术排斥程度较弱。各地区的经济发展程度足以满足保险机构发展的需要，诚实守信的人文关怀和高尚的道德素养可以大大降低保险合同中的道德风险，优良的保险评估和理赔技术也为合同订立和事故处理提高了效率，使得保险机构业务推广更加容易。对保险机构金融排斥产生主要影响的是保险服务的供给方排斥。八大经济区中，除了北部沿海之外，其他地区的供给方排斥均很严重，特别是评估排斥在黄河中游、长江中游、西南和大西北地区比较突出。价格排斥相对于评估排斥的程度略弱，但在东部沿海、南部沿海和西南地区较为严重。营销排斥在各地区排斥程度较为接近，排斥程度除北部沿海地区外均较高。在保险产品需求方排斥中，条件排斥比自我排斥的影响更加显著，如南部沿海、长江中游和大西北地区的自我排斥程度并不很强，但是条件排斥强度更加显著。可见消费者对于保险产品的接受程度尚可，但是满足投保条件却存在诸多困难，条件排斥成为阻碍客户参保的主要需求层面因素。

表9　　　　　　　　　　八大经济区保险类金融机构排斥程度对比

地区	类别	评估排斥	价格排斥	营销排斥	自我排斥	条件排斥	地理排斥	人文排斥	经济排斥	技术排斥	保险平均值
东北地区	城镇	3.24	2.81	2.92	2.76	2.75	2.67	2.54	2.39	2.61	2.74
	农村	2.98	2.51	2.69	2.60	2.67	2.85	2.52	2.58	2.68	2.68
	城乡	3.08	2.63	2.78	2.66	2.70	2.78	2.53	2.50	2.65	2.70
东部沿海地区	城镇	3.16	2.69	3.00	2.54	2.68	2.66	2.29	2.09	–	2.64
	农村	3.07	2.75	2.96	2.77	2.86	3.05	2.55	2.50	–	2.81
	城乡	3.11	2.73	2.98	2.68	2.79	2.89	2.45	2.34	–	2.74
南部沿海地区	城镇	3.13	2.71	3.08	2.52	2.68	2.63	2.22	2.10	2.12	2.58
	农村	3.29	2.73	2.93	2.48	2.73	2.79	2.35	2.43	2.40	2.68
	城乡	3.23	2.72	2.99	2.50	2.71	2.73	2.30	2.30	2.29	2.64
北部沿海地区	城镇	2.73	2.30	2.41	2.26	2.28	2.06	1.61	1.67	1.75	2.12
	农村	2.43	2.17	2.08	2.07	1.93	2.26	1.77	1.86	1.93	2.06
	城乡	2.55	2.22	2.21	2.15	2.07	2.18	1.71	1.78	1.86	2.08
黄河中游地区	城镇	3.33	2.81	3.01	2.77	2.77	2.54	2.51	2.50	2.49	2.75
	农村	3.26	2.68	3.08	2.64	2.89	2.97	2.86	2.74	2.76	2.88
	城乡	3.29	2.73	3.05	2.69	2.84	2.80	2.72	2.64	2.65	2.83
长江中游地区	城镇	3.20	2.68	2.97	2.55	2.69	2.62	2.44	2.42	2.47	2.67
	农村	3.36	2.80	3.09	2.75	2.93	3.13	2.71	2.88	2.87	2.95
	城乡	3.30	2.75	3.04	2.67	2.83	2.93	2.60	2.70	2.71	2.84
西南地区	城镇	3.34	2.82	3.12	2.74	2.84	2.79	2.56	2.54	2.67	2.83
	农村	3.33	2.70	2.99	2.71	2.85	3.20	2.64	2.86	3.00	2.92
	城乡	3.33	2.75	3.04	2.72	2.85	3.04	2.61	2.73	2.87	2.88
大西北地区	城镇	3.26	2.76	2.90	2.65	2.73	2.51	2.47	2.42	2.62	2.70
	农村	3.15	2.60	2.83	2.54	2.99	3.01	2.68	2.96	2.99	2.86
	城乡	3.19	2.66	2.86	2.58	2.89	2.81	2.60	2.74	2.84	2.80

4. 八大经济区互联网金融机构排斥程度对比

通过对八大经济区的互联网金融机构排斥程度对比发现，北部沿海地区的互联网金融排斥程度较弱，西南地区的互联网金融排斥程度较强。互联网金融的金融服务供给方排斥程度在不同地区差距较大，其中东部沿海、南部沿海和西南地区较强，而北部沿海较弱。在供给方排斥中价格排斥问题更为突出，互联网金融产品中融资类产品定价较高，融资类产品可以普及更广泛的人群，但是产品价格较高使得很多客户难以接受。在互联网金融产品的需求方排斥中，自我排斥显著高于条件排斥成为需求面的阻力。互联网金融产品的低门槛性使得客户的准入条件较低，条件排斥程度得到降低。但是，诸多客户对于互联网金融的新型交易模式尚无法接受，或者受制于自身的文化素质、金融素养和使用互联网的能力等因素，自我排斥较为严重。这一情况除了在大西北地区不同外，其余七个地区均有非常明显的特征。从互联网金融生态环境上看，大体而言，人文排斥的程度要强于经济排斥要强于技术排斥。可见，移动通信设备已经得到较为广泛的普及，并不成为制约互联网金融业务推广的因素，而缺乏一个好的互联网金融产品应用场景的人文排斥是制约其发展的关键瓶颈。

表10 八大经济区互联网金融类金融机构排斥程度对比

地区	类别	评估排斥	价格排斥	营销排斥	自我排斥	条件排斥	人文排斥	经济排斥	技术排斥	互联网金融排斥平均值
东北地区	城镇	2.21	2.67	2.61	3.20	2.60	2.91	2.71	2.51	2.68
	农村	2.35	2.68	2.61	2.90	2.59	2.87	2.76	2.73	2.69
	城乡	2.29	2.68	2.61	3.02	2.59	2.89	2.74	2.64	2.69
东部沿海地区	城镇	2.19	2.60	2.68	3.15	2.46	2.67	2.19	2.02	2.50
	农村	2.41	2.78	2.78	3.10	2.79	2.94	2.60	2.46	2.73
	城乡	2.32	2.71	2.74	3.12	2.66	2.83	2.44	2.28	2.64
南部沿海地区	城镇	2.25	2.75	2.69	3.18	2.40	2.72	2.25	2.06	2.54
	农村	2.39	2.74	2.74	3.06	2.64	3.08	2.57	2.38	2.70
	城乡	2.33	2.74	2.72	3.11	2.54	2.94	2.44	2.25	2.64
北部沿海地区	城镇	1.39	1.89	1.90	2.46	1.92	2.18	1.82	1.70	1.91
	农村	1.31	1.82	1.68	2.08	1.75	2.24	1.89	1.89	1.83
	城乡	1.34	1.85	1.77	2.23	1.82	2.22	1.86	1.81	1.86
黄河中游地区	城镇	2.40	2.81	2.76	3.13	2.67	2.95	2.66	2.36	2.72
	农村	2.45	2.81	2.85	3.06	2.86	3.10	2.82	2.75	2.84
	城乡	2.43	2.81	2.81	3.09	2.78	3.04	2.76	2.59	2.79

续表

地区	类别	评估排斥	价格排斥	营销排斥	自我排斥	条件排斥	人文排斥	经济排斥	技术排斥	互联网金融排斥平均值
长江中游地区	城镇	2.28	2.85	2.82	3.13	2.57	2.80	2.57	2.35	2.67
	农村	2.61	2.94	2.98	3.04	2.90	3.16	3.07	2.95	2.95
	城乡	2.48	2.90	2.92	3.08	2.77	3.02	2.87	2.71	2.84
西南地区	城镇	2.31	2.88	2.94	3.30	2.64	2.99	2.65	2.51	2.78
	农村	2.48	3.05	2.92	3.25	2.87	3.32	3.03	3.01	2.99
	城乡	2.41	2.98	2.93	3.27	2.78	3.19	2.88	2.81	2.91
大西北地区	城镇	2.42	2.70	2.73	2.82	3.16	2.94	2.68	2.79	2.78
	农村	2.55	3.10	3.05	2.99	3.04	3.16	2.84	2.77	2.94
	城乡	2.50	2.94	2.92	2.92	3.09	3.07	2.78	2.78	2.88

四、金融排斥存在主要问题

（一）居民自身金融能力不足限制获得金融服务

在本次调研中针对居民获得金融知识的途径进行统计，在受访的所有家庭中，41%的家庭主要是通过听亲朋好友的分享获得金融知识，有55%的家庭是通过媒体宣传获得金融知识，只有27%的家庭主要通过政府或者金融机构工作人员宣传获得金融服务知识，同时仍然有21%的家庭基本上没有获取过专业的金融知识。特别是在农村地区没有接受过金融知识的家庭约占31%，显著高于城镇家庭（14%）。可见，我国城乡居民掌握的金融知识不足，导致金融能力有限，特别是在农村地区，金融机构对于金融知识的宣传教育需要进一步加强。

（二）自我排斥是互联网金融业务排斥的主要原因

互联网金融作为近年来新兴的金融服务形式，凭借其低门槛、低成本、手续便捷等优势，正在被作为改善金融排斥、实现普惠金融的重要手段而被广泛运用。从调研数据来看，第三方支付业务的普及程度已经接近于银行存款开户的普及程度，但是由于互联网金融依托于虚拟的网络空间，加上互联网金融缺少成熟的监管体制，因而存在较大的风险隐患，使得很多居民自身对互联网金融产品的安全性存在顾虑。

另外，在互联网金融产品的推广中，还需要构建良好的互联网金融产品的应用场景，形成广大民众能普遍接受和广泛参与的互联网金融产品应用人文环境。

（三） 评估排斥是保险业务排斥的主要原因

保险业务的各维度排斥子指标中，评估排斥的程度最为强烈。造成保险业务的评估排斥的原因主要在于保险公司在对投保对象的资质进行审查以及在责任事故发生后的理赔等环节，存在评估不一致等问题。特别是由于保险公司理赔环节服务不到位而发生的纠纷，会大大降低保险服务在居民心目中的满意度。因此，保险行业应当制定明确的行业规范和标准细化的理赔程序，解决保险难题，降低保险业务的评估排斥程度。

（四） 地理排斥是证券业务排斥的主要原因

证券业务在地理排斥维度上强度较大，表明证券公司在地理空间上分布相对较为稀疏。如表 3 所示，城镇地区的证券业务地理排斥强度为 2.73，在农村地区达到了 3.17。由于证券公司的分布较为稀疏，使得证券业务的可及性受限，特别是在农村地区居民缺乏证券投资相关知识的情况下，导致农村地区的居民基本上不具备证券投资意识，当地难以形成良好的证券投资氛围。农村地区的证券业的人文排斥程度（3.02）要显著高于城镇地区（2.30），这也说明农村地区相比于城镇地区，缺少证券业发展的良好人文环境。因此，尽管难以实现证券公司在农村地区广泛设立营业网点，但是可以依托便民金融服务站或者互联网终端设备等作为介质，克服地理空间的阻碍，提高证券服务的可及性。同时，也应该对证券投资进行正确的引导，让不了解证券投资业务的居民具备必要的证券投资常识，使居民熟悉并接纳证券投资业务，在当地形成良好的投资氛围。

（五） 农村地区金融生态环境排斥是城乡金融排斥差异的首要原因

调研数据显示，农村家庭平均需要花费 30 分钟的时间步行到达距离最近的金融机构，城镇家庭平均仅需要花费 10 分钟的时间即可步行到达距离最近的金融机构。相比之下，农村地区的金融机构分布确实不如城镇地区密集，但是鉴于农村家庭对金融服务的需求也要少于城镇地区，因此整体来看农村地区金融机构的分布也基本可以满足农村地区的金融服务需求。

农村家庭在技术排斥、地理排斥和经济排斥上的排斥强度要显著高于城镇家庭。由于农村地区经济发展水平要落后于城镇地区，再加上农村地区地理面积相对广泛，人口分布较为分散，因此其相应的金融机构的基础设施的配置成本较高，农村金融服务的盈利空间较小，从成本收益角度来看，在农村地区分布金融资源动力不足。这也就导致了农村地区经济水平不发达，经济排斥的存在，对金融服务的需求量不大，金融机构在农村地区金融资源配置不足。此外，农村地区居民的受教育水平平均偏低，对于新技术的接受和适应能力不强，对新技术和新产品的需求不足，没有形成大众接受的互联网金融产品应用渠道，缺少金融基础设施等软硬件的配置，自我排斥和技术排斥的存在使得部分金融服务在落后的农村地区无法实现。因此，整体来看农村地区的金融生态环境排斥是导致农村地区金融排斥的主要原因。

（六）　不同区域间的金融排斥程度差异较大

我国国土幅员辽阔，金融排斥仍然是较为普遍的现象，不同地区经济发展水平差异较大，相应的金融发展程度也存在较大差异，由此引致各地城乡居民的受到金融排斥程度和原因也不尽相同。整体来看，北部沿海和东部沿海地区的金融排斥程度相对较弱，大西北地区和西南地区的金融排斥程度更强。由于不同地区的金融排斥的具体表现和造成的原因不尽相同，因此，在各地要立足于当地的金融排斥现状，不可以"一刀切"，要在普惠金融的大框架下，立足于不同的金融行业，有的放矢地解决金融排斥问题。同时，各地在对某些地区和某些金融行业进行扶持时，要协调其他地区和行业的发展水平，尽量避免因政策干预而加大金融服务获得机会的不平等性，要引导和培育健康有序的多层次金融市场。

五、缓解金融排斥的对策建议

（一）　强化金融教育，克服自我排斥心理，提升居民金融能力

调研结果显示，在银证保互金四类金融服务排斥因素中，金融知识缺乏，金融意识不强、金融投资经验匮乏等是阻碍金融服务普及的主要障碍，这反映了我国城乡居民获得金融知识的能力显著不足。因此，可以通过政府与当地金融单位协作，实施城乡居民家庭金融能力提升计划，构建起常态化的城乡居民金融知普及与金融教育体系。例如，通过定期或不定期举办金融夜校、金融教育超市、金融专题论坛讲座、金融教育信息和资源的分享平台等，汇集政府机构、企业、非营利组织和高校等各方面的金融教育资源，积极开展金融普及教育，提高公众的金融知识水平，不断提升居民的金融素养。

（二）充分发挥互联网金融作用，建立信息化普惠金融体系

信息化普惠金融体系是指应用现代科学技术推进金融服务的普及，同时降低金融服务成本，让更多的城乡居民家庭获得其需要的金融服务。信息化普惠金融体系建设的基本思路是，发挥地方政府引领、金融机构主体、科技企业支撑的作用，加大信息化基础设施投入，如互联网基础设施、通信技术和金融科技设施的建设。充分发挥传统金融机构的服务优势，依托新技术开展金融服务创新，如开展直销银行、远程服务、智能服务等，不断创新金融产品和服务形式，让金融服务覆盖有金融服务需求的主体。

信息化普惠金融应用场景是决定普惠金融体系运转效率的关键，应用场景是金融生态链的重要组成部分。应用场景要融入居民日常经济社会生活，通过其经常消费、社会交往、公共关系等内容，建立起相应的网络信息场景，通过 AR/VR 技术、人工智能与大数据技术实现现实场景在线化。构建方便安全的互联网金融应用场景可以通过网络社交带动消费者的亲友圈，让更多的人使用互联网金融产品。借助亲友之间的口耳相传和示范效应，消除公众对于互联网金融的未知应用领域的陌生感和距离感，让互联网金融逐步成为公众获得便捷金融服务的重要渠道。

（三）有效甄别工作对象，以目标客户的需求和偏好为核心提供服务

金融服务的提供也要"因地制宜"，不能采取"一刀切"的模式。金融机构应该转变传统金融模式，立足当地经济实践发展需要，开展金融服务模式与产品创新，通过差异化、个性化解决方案为客户提供最便捷、安全的金融服务；通过大数据整合金融信息资源，精准发掘客户需求，为细分客户提供更优质的金融服务，提升金融服务质量与效率。

（四）完善农村金融生态环境，防范发展中的金融风险

在有条件的农村地区可以通过设立政策性农村金融再担保、农业保险机构和农村金融资产管理公司等，进一步丰富农村金融服务体系。各类金融服务机构业态与服务形式也要多元化，满足城乡家庭多样化的金融服务需求。经济发展是金融创新的基础，满足经济发展中的金融服务需要，形成金融可持续发展的生态圈，包括居民诚信意识培养、法律制度的完善与执行、公平的金融服务机会、良好的文化氛围等。

构建多层级的金融监管体系，实现农村金融在普惠和风险防范两者之间的双向

协调。由于农村金融机构兼具"支农"性质，因此，在监管时要在保证资金安全的前提下，适当放宽对农村金融机构的约束，让普惠型金融机构有一个更加宽松的外部环境，更加灵活地解决农村金融排斥问题。

（五）　金融科技助力普惠金融

在现代金融的背景下，电子科技和网络技术在金融领域的广泛应用，使得金融科技有望成为缓解金融排斥、发展普惠金融的突破口。金融科技的发展使得金融服务需求者可以通过使用自助便民柜员机、手机、计算机等智能终端设备来满足基本的金融服务需要，直接提高了金融服务的覆盖面和可及性。借助云计算和大数据的信息处理技术，可以提高数据的可获得性，并降低信息处理成本。有利于降低金融风险，提高资源配置效率，改善由于市场信息不对称导致的金融排斥问题。因此，应当充分利用金融科技广覆盖、低成本、高效率的优势来改善金融排斥问题。

参考文献

[1] 曹廷贵，苏静，任渝．基于互联网技术的软信息成本与小微企业金融排斥度关系研究 [J]．经济学家，2015（7）：72－78．

[2] 陈颐．普惠金融的文化语境——来自CGSS的经验数据 [J]．金融经济学研究，2017（2）：118－128．

[3] 董晓琳，徐虹．我国农村金融排斥影响因素的实证分析——基于县域金融机构网点分布的视角 [J]．金融研究，2012（9）：115－126．

[4] 高沛星，王修华．我国农村金融排斥的区域差异与影响因素——基于省际数据的实证分析 [J]．农业技术经济，2011（4）：93－102．

[5] 焦瑾璞，黄亭亭，汪天都，等．中国普惠金融发展进程及实证研究 [J]．上海金融，2015（4）：12－22．

[6] 李春霄，贾金荣．基于农户视角的金融排斥影响因素研究 [J]．现代财经（天津财经大学学报），2013（4）：21－29．

[7] 李建军，张丹俊．中小企业金融排斥的财务结构效应——来自我国中小企业板上市公司的微观证据 [J]．经济管理，2016（6）：86－99．

[8] 李建军，张丹俊．中小企业金融排斥程度的省域差异 [J]．经济理论与经济管理，2015（8）：92－103．

[9] 鲁强．农村金融排斥的区域差异与影响因素——理论分析与实证检验 [J]．金融论坛，2014（1）：17－28．

[10] 田霖．我国城乡金融排斥的二元性的空间差异与演变趋势（1978—2009） [J]．金融理论与实践，2011（3）：27－30．

［11］董新兴，刘坤．劳动力成本上升对企业创新行为的影响——来自中国制造业上市公司的经验证据［J］．山东大学学报（哲学社会科学版），2016（4）：112 – 121.

［12］粟芳，方蕾．中国农村金融排斥的区域差异：供给不足还是需求不足？——银行、保险和互联网金融的比较分析［J］．管理世界，2016（9）：70 – 83.

［13］吴亮，俞哲．从金融地理到普惠金融——金融排斥研究的一个综述［J］．公共管理评论，2015（2）：127 – 144.

［14］张号栋，尹志超．金融知识和中国家庭的金融排斥——基于 CHFS 数据的实证研究［J］．金融研究，2016（7）：80 – 95.

［15］孙国茂．互联网金融：本质、现状与趋势［J］．理论学刊，2015（3）：44 – 57.

［16］孙国茂．尽快推进普惠金融制度体系建设［N］．经济参考报，2017 – 03 – 03（008）．

［17］孙国茂，安强身．普惠金融组织与普惠金融发展研究［M］．北京：中国金融出版社，2017.

［18］Affleck, A. & Mellor, M. Community development finance: A neo – market solution to social exclusion? ［J］. Journal of social policy, 2006, 35: 303 – 319.

［19］ANS. A report on financial exclusion in Australia ［R］. Chant Link & Associates, 2004 (10): 10 – 17.

［20］Argent N M, Rolley F. Financial Exclusion in Rural and Remote New South Wales, Australia: a Geography of Bank Branch Rationalisation, 1981 – 98 (pages 182 – 203) ［J］. Geographical Research, 2000, 38 (2): 182 – 203.

［21］Cebulla A. A Geography of Insurance Exclusion: Perceptions of Unemployment Risk and Actuarial Risk Assessment ［J］. Area, 1999, 31 (2): 111 – 121.

［22］Devlin J F. A detailed study of financial exclusion in the UK ［J］. Journal of Consumer Policy, 2005, 28 (1): 75 – 108.

［23］Fuller D. Credit Union Development: Financial Inclusion and Exclusion ［J］. Geoforum, 1998, 29 (2): 145 – 157.

［24］Kempson E., Whyley C. Kept Out or Opted Out? Understanding and Combating Financial Exclusion ［M］. Bristol (United Kingdom): The Policy Press, 1999.

［25］Larner, W. & Heron, L. R. The spaces and subjects of a globalizing economy: a situated exploration of method ［J］. Environment and Planning D, 2002, 20: 753 – 774.

［26］Leyshon, A. & Thrift, N. The restructuring of the UK financial services industry in the 1990s: a reversal of fortune? ［J］. Journal of Rural Studies, 1993, 9: 233 – 241.

［27］Leyshon, A. andN. Thrift. Access to financial services and financial infrastructure withdrawal: problems and policies ［J］. Area, 1994, 26: 268 – 275.

［28］Leyshon. A. and N. Thrift. Geographies of financial exclusion: financial abandonment in Britain and the United States ［J］. Transactions of the Institute of British Geographers, New series, 1995, 20: 312 – 341.

［29］S. P. Chakravarty. Regional variation in banking services and social exclusion ［J］. Regional Studies the Journal of the Regional Studies Association，2006，40（4）：415 –428.

责任编辑：孙国茂

助理编辑：黄欣颖

中国台湾普惠金融体系研究

苏志伟[①]

【摘要】 近年来货币政策与资产价格的关系受到了很多学者的关注。本文通过研究台湾地区构建普惠金融体系的政策及措施，对中国大陆现有制度情况下进行改进和应用提供一定启示与建议。

【关键词】 农业金融　中小企业融资　个人信贷优惠　储蓄互助社

Inclusive Financial System in Taiwan：Some insights

Su Zhiwei

Abstract：The relationship between monetary policy and asset price has attracted many scholars' attention in recent years. By studying the policies and measures of constructing the inclusive financial system in Taiwan, this paper provides some policy inspirations and suggestions for the improvement and application of the existing system in mainland China.

Keywords：Agricultural Finance　Financing for Small and Medium – sized Enterprises　Personal Credit Preference　Savings Societies

① **【作者简介】** 苏志伟，中国海洋大学繁荣哲学社会科学人才工程特聘教授，博士生导师，教育部新世纪人才，台湾逢甲大学商学研究所博士、厦门大学金融系博士后研究，研究方向为应用时间序列、国际金融与区域经济发展。

一、引言

普惠金融体系（Inclusive Financial System）是指能够有效地、全方位地为社会所有阶层和群体提供平等、便利的金融服务的一系列组织架构和制度安排。它主要包含三个层次的内容：第一，在竞争性的市场经济条件下，为社会所有阶层和群体（特别是传统金融机构服务不到的中、低收入者和小微企业，具体包括农民和城市低收入人群在内的弱势群体，农林牧渔业和小微企业等弱势产业，以及交通不畅和不太适宜人类生活的偏远地区或弱势地区的群体）提供金融服务的金融机构；第二，健康稳定、优质高效的服务和保障机制；第三，良好的政策环境和完善的政府监管机制。从中国目前的实际情况来看，要发展和完善普惠金融体系，应当从微观、中观和宏观三个层面入手，将过去被排斥于金融服务之外的包括穷人在内的大规模客户群体融入金融服务对象之中。首先，从微观层面来讲，普惠金融体系应当直接向穷人和低收入者提供零售金融服务；其次，从中观层面来讲，它应该还要包括金融基础设施的建设以及提供一系列能使金融服务提供者降低交易成本、扩大服务规模和深度、提高技能和促进透明的机制；最后，从宏观层面来讲，如果要实现普惠金融体系的可持续发展，就必须有完善的法律法规制度和政策框架作为支撑。

历经半个多世纪的发展，中国台湾地区针对农村经济发展落后、城市中低收入者生活贫困以及中小企业融资难等问题，积极发展农村金融和中小额信贷事业，逐步形成了以农村金融体系、个人信贷和中小企业发展贷款为主要组成部分的相对完善的普惠金融体系。相比于中国大陆地区而言，当前台湾地区的普惠金融体系相对完善，在管理模式、运营模式、法律依据、监管模式等方面都进行了比较合理的设计与安排，且在完善农业金融机构管理、改善中小企业及个人融资环境、推进台湾地区农业和中小企业发展，以及提高中低收入者生活水平方面绩效显著。这些对于中国大陆建设和完善普惠金融体系，发展具有中国特色的社会主义市场经济，解决"三农"等民生问题具有非常重要的借鉴意义。

农业生产的低回报率、分散性、长期性和高风险性决定了其常常被以市场为导向的金融机构排除在服务范围之外。自20世纪40年代末，为支持农业经济的发展，台湾地区政府就积极地建设普惠型农村金融体系，并致力于为农民进行农业生产提供融资便利。1954年2月，历级时数月的台湾各级农会改组得以完成，台湾农业经济趋于稳定，农会信用业务增长非常明显。经过半个多世纪的发展，台湾农渔会信用部的资金也初具规模。据金融监督管理委员会统计，截至2012年末，农渔会信用部的存款余额达到15851亿元新台币（约合3432.89亿元人民币），并且在过去的十年内保持年均 5% 的增长率①，为支持台湾农渔业经济的发展提供了大量的营运资金。1972 年，台湾地区政府颁布"台湾地区农会信用部管理办法"（以下简称"农会法"），正式将农会信用部纳入台湾金融体系，并指定由金融主管机关监督管理信用部业务。1974 年，经过大幅修订的"农会法"再次明确指出，农会办理会员各项金融事业应事先设立信用部。为此，"农会信用部业务管理办法"于 1975 年相继出台，以规范农会信用部的设立以及各项金融业务的开展。2002 年 11 月 30 日，台湾地区当局政府召开了"农业金融会议"，并达成了包括实施农业金融监管一元化领导在内的五项共识。2004 年 1 月 30 日，台湾"农业金融法"开始实施。该法规定，农村金融主管机关由"财政部"改为"农委会"，并成立农业金融局，着手推行"以金融支持农业的正常发展，以农业维持金融的稳定成长"政策。2006 年 1 月 1 日，农业信用保证基金改由"农委会"管理监督。

作为台湾农村金融体系中的重要组成部分，农会信用部于 20 世纪 40 年代开始批准设立。此后经过半个多世纪的发展，台湾地区逐步形成了机构丰富多样、结构层次分明、政策导向明确的一体化普惠农村金融体系。而在这个过程中，农会信用部始终扮演着主力军的角色。正是在农村金融的大力支持和配合下，台湾地区的农业发展得以度过艰难时期，并最终推动台湾地区的农村建设和农业发展，以及台湾地区经济的高速发展。杜兴军（2013）研究指出，农会信用部在消除台湾贫穷和落后面貌，促进当地经济社会发展，以及构建普惠型的农村金融体系等方面取得了举世瞩目的成就，尤其是由普惠型农村金融体系建设而带动起来的"台湾经济奇迹"，更成为许多学者研究的范例，为世人称道。

中小企业在台湾经济发展中占有重要的主体地位。根据台湾地区经济部中小企业白皮书所提供的相关统计数据显示，台湾中小企业的数量占所有企业总数的比重分别为 99.77%，中小企业的就业人口达到全台湾就业总人口的 76.66%，中小企业的受雇员工达到全台湾受雇员工总数的 68.76%；此外，中小企业的销售额与内销额分占所有企业销售额与内销额的比重分别为 29.84% 与 33.91%，而出口值占所有企业出口总值的比重为 17.89%。然而，作为台湾地区经济增长的主要动力来源，中小企业的生存和发展还受到诸多先天条件的限制（即在经营上的弱点），其中，尤其以运营资金不足以及融资较难问题最为突出。1973 年 10 月，中东地区再次爆发战争，并引发了世界性能源危机，全球由此陷入严重的经济衰退与通货膨胀。台湾中小企业受此冲击，顿时陷入困境，纷纷倒闭。台湾各界都希望政府尽快帮助中

---

① 台湾"行政院"金融监督管理委员会．金融统计指标，2013．金融监督管理委员会网站（http: // www.fsc.gov.tw/ch/index.jsp）．

小企业走出危机。在这种情形下，台湾地区通过制度设计，建立了中小企业联合辅导中心、中小企业信用保证基金和中小企业银行"三位一体"的中小企业融资综合服务体系，集中解决中小企业"融资难"的问题。

首先，为全面解决"中小企业融资诊断、辅导问题"，台湾地区于1985年将中小企业联合辅导基金提升为直接管辖的综合性辅导咨询机构，并且强化融资辅导功能。29年来，中小企业联合辅导中心（以下简称中心）成为台湾地区为中小企业提供财务融通辅导的重要机构。在中心的融资诊断和辅导支持下，大批中小企业提高了融资能力。在中心的融资诊断和辅导队伍中，商业银行作为技术团队，在对中小企业的诊断和辅导中，培育了客户并且控制了信息不对称的风险。

其次，为解决"中小企业信用不足问题"，1974年，台湾当局、银行共同出资设立了信用保证基金（以下简称信保基金）。经过39年的发展，信保基金在组织保障、服务对象、资金补充、风险分担、内外部监督管理等方面，形成了合理的制度设计，构建了科学有效的运行与监管机制。由于信用保证有资金放大的乘数效应，为了确保信保基金的使用与台湾当局对中小企业的产业导向相适应，信保基金中政府的出资比例达八成，形成绝对控股的局面。截至2013年5月，台湾信保基金累计承保了33.6万户中小企业，所扶持的企业上市、上柜数量占台湾证券交易所上市、柜买中心上柜企业总数的45%。

而为解决"银行贷款动力不足"等问题，1976年台湾地区又将台湾合会储蓄公司改组，成立了台湾中小企业银行（以下简称台湾企银）。台湾企银成立时，其对中小企业的贷款比率按规定不低于70%。1998年改制上市后，台湾企银的股权结构虽有所变化，但台湾当局的各类股份仍达到1/3，拥有主要经营决策权。因此，台湾企银在一定程度上继续担负着配合服务中小企业的政策任务。据统计，在2010—2012年台湾企银的贷款中，中小企业贷款保持四成比例。

总的来说，"三位一体"的中小企业融资综合服务体系是一个有效的制度安排。完善的融资辅导和信用保证制度，以及政策性银行的作用，带动了其他银行参与中小企业贷款的提供，在台湾地区发挥了信贷资源向中小企业配置的主导作用。此外，台湾信用合作社作为台湾的基层金融合作组织，自1910年日本占领台湾时代设立的"台北信用组合"以来，迄今已有近百年历史。其间由于早期的农业社会背景及政府的积极辅导，再加上从业者的努力经营，其在整个金融体系中，对于基层民众的金融需求与中小企业资金融通，扮演了举足轻重的角色，对于地方经济的发展与繁荣更是功不可没。

在政策性个人信贷方面，台湾地区主要有青年创业贷款、房屋贷款和原住民贷款等一系列优惠贷款制度安排。首先，为鼓励青年积极创业，台湾政府设立青年创业贷款，对于具有完备贷款条件，决心自创事业的青年，在资金上通过金融体系，提供部分协助，并助其与银行建立往来关系，便于创业后事业发展的需要，协助其创业成功，帮助其成为新一代的企业家，从而推动地区的经济建设。目前，台湾银行、合作金库银行、台湾中小企业银行、第一银行等12家商业银行为青年创业贷款的承办银行。青年创业贷款自设立以来，已经帮助无数有志青年成功创业，为社会创造了大量的就业岗位，促进了台湾地区经济的发展。据经济部中小企业处统计，在2013年前5个月，台湾地区有1114人获得青年创业贷款，融资金额达8.7亿元，创造就业岗位3826个。[①]其次，为减轻个人（尤其是对中低收入者）的购房负担，台湾地区政府以项目补贴的方式推出了多项优惠贷款方案。2008年9月，台湾地区政府在"因应景气振兴经济方案"中提出增发2000亿元新台币作为优惠购房贷款。2009年4月，又继续增发2000亿元新台币作为优惠购房贷款。目前，台湾银行、台湾土地银行、第一商业银行等219家金融机构承办优惠房屋专案贷款。

台湾地区的原住民一直以来都是台湾经济和社会发展中的弱势群体。2013年6月的原住民委员会调查显示，原住民的劳动力人数有237100人，而失业人数达到11737人，其中半数以上失业人数在寻找工作中没有遇到工作机会。[②] 为提高原住民的就业水平，改善原住民生活，台湾"行政院原住民委员会"积极推出原住民综合发展基金贷款，旨在为原住民提供生产贷款和消费贷款，帮助其改善生活，促进经济发展。

台湾普惠金融体系中另一个重要的组成部分是储蓄互助社。储蓄互助社是一个"非营利、非救济、服务性"的自助组织，其目的是帮助储蓄互助社所有社员有效地利用资金及有效地理财。它的存在不但可以消除地下金融活动、弥补银行功能的不足，而且可以改善基层民众的生活，缩小两极分化。储蓄互助社在台湾的发展，先由宗教团体推动，再逐渐地进入社区。互助运动协会于1964年9月3日成立，并于21日在内政部登记为全国级人民团体，介绍并引进发源于德国的雷发巽氏储蓄互助社，于1968年4月2日经"财政部"同意试办。1971年，台湾互助运动协会为扩大社会服务工作进行改组，所有储蓄互助社有关的推广、辅导、监督等业务均由新设立之储蓄互助社推行委员会专责办理。1982年8月22日，储蓄互助社推行委员会奉准成立"台湾储蓄互助协会"，并在台北地方法院完成公益社团法人的登记。储蓄互助社作为合作事业的一环，其扮演的角色为社会上相对弱势族群资金融通的

---

① "经济部中小企业处"：2013年辅导青年创业成果一览表，"台湾经济部中小企业处"网站（www. moeasmea. gov. tw）。

② "经济部中小企业处"：2013年辅导青年创业成果一览表，"台湾经济部中小企业处"网站（www. moeasmea. gov. tw）。

微型合作金融中介机构，与基层民众的生活息息相关。回顾50年发展的历程，储蓄互助社运动确实已在台湾偏远的山区、海边，或者城市、农村深入发展，对台湾底层需要帮助的弱势民众在融资上服务的贡献功不可没，对基层金融、社会发展、人才培养和社会责任方面都发挥了巨大的作用。

目前来看，台湾地区金融体系的普及率已经相当高。到2013年底，台湾地区货币存款机构总分行的数量已经达到6327家，ATM的装设数量也达到26832台。也就是说，平均每一万人拥有3家金融机构和1148台ATM为其提供便利的金融服务。此外，台湾金融体系形成了包括本地区银行、外国银行、农渔会信用部、信用合作社、保险租赁公司等为主体的多元化、多层次的资金供给体系和融资渠道，这些都为台湾普惠金融体系的建设打下了坚实的物质基础。虽然中国台湾地区和大陆地区在基本经济制度方面存在差异，但两个地区农业发展的历史进程具有相似性，而且目前所处的经济环境也十分相似，都有解决中小企业和个人融资需求的问题，因此，了解台湾地区努力构建普惠金融体系的经验及启示，并在大陆现有制度情况下进行改进和应用，是促进大陆地区的经济和金融发展的有效途径。

二、台湾地区农业金融体系

（一）台湾地区农业金融体系的决策与管理

农业金融的特殊性注定其不能像一般意义上的金融由市场来主导，政府扮演监督管理的"守夜人"角色的体制那样，一个政策导向明确、运作高效的农业金融体系应当将农业金融体系从一般的金融体系中独立出来，要求政府从经济宏观角度进行全面指导和管理，并给予积极引导和政策支持。台湾农业金融体系的决策及管理机构主要包括"中央银行农业金融策划委员会""行政院农业委员会农业金融局"及各县、市政府农业金融主管机关，其中以"中央银行农业策划委员会"为决策机构，"行政院农业金融委员会"为主要管理机关，各县市政府农业金融主管机关为基层管理机构，形成了自上而下的完整的决策管理体系。"中央银行农业政策委员会"是台湾农业金融的最高决策机构，成立于1971年7月，由台湾当局的"财政部""中央银行"及农发会等机构负责人组成，它的主要宗旨：制定完整的农业金融政策、革新农业金融制度、拟订农业贷款计划、核定农业贷款利率，以及统筹分配农业资金。并通过农业金融机构进行分配加以执行，逐步成为农业金融的中枢。根据"中央银行农业金融策划委员会"和"行政院农业委员会农业金融局"的指导和"农业金融法"的有关规定，在台湾地区各县、市政府设立农业金融主管机关。

主要负责协助有关部门推动各项农业和农村贷款计划的落实，履行对农、渔民贷款业务的教育和督导，监督农、渔民贷款资金的使用情况等。

（二）台湾地农业金融体系的领军者——农业金库

台湾农业金库是台湾农村金融改革的产物。20世纪90年代台湾农业基层金融因坏账发生危机。2001年，台湾当局为解决基层金融发生的坏账危机，决定将农业金融与地方金融相分离。2002年11月30日，台湾当局为应对农村金融改革需要召开农业金融会议，就成立农业金库、健全农村金融体系达成共识；2003年7月10日，台湾当局通过了"农业金融法"；2005年5月26日，台湾农业金库成立，作为各基层信用部的母库负责辅导信用部业务发展办理农、林、渔、牧融资及稳定农村金融。长期以来，台湾农渔会作为协助和支撑农民活动的基层组织，在农业建设方面扮演了重要角色，其信用部办理农业金融业务，配合农渔民融资需求，提供小额贷款以带动农渔村经济的发展，作出了巨大贡献；也只有广泛分布于农渔村各地的农渔会信用部能够触及偏远地区，活络地方经济。然而，在社会大众普遍以营利性等财务指标来衡量金融机构绩效的背景下，农渔会信用部的设立宗旨逐渐淡化，尤其在台湾地区民营银行开放以来，农渔会信用部更加倾向于营利。台湾农业金库作为农渔会信用部的上级机构，"农业金融法"明确指出台湾农业金库应以辅导农渔会信用部业务发展、稳定农业金融为任务，其设立的宗旨并非营利。

苏宝玉（2010）指出，台湾地区农业金库的股权与治理结构主要借鉴了日本农林中央金库模式，其主管机关为台湾"行政院农业委员会"。截至2013年6月，台湾农业金库注册资本为233亿元新台币。台湾"行政院农业委员会"等机构为大股东，持有44.75%的股权；各地300多个农渔会信用部等其他法人持股55.25%。台湾农业金库的治理结构具有以下特点：在内部治理方面，台湾农业金库下设股东大会、董事会及监察大会。其中董事会董事15人，4人来自台湾"行政院农业委员会"，另设5名独立董事，其余董事来自小股东。监察大会设监察5名，多数为来自部会机关或大学的独立监察人，少数来自小股东。在外部治理方面，"行政院农业委员会"委托"金融管理委员会"对台湾农业金库及农渔会信用部履行金融检查职责，金融当局则提供特定业务监理、资金周转融通服务。

农业金库具有服务和合作双重职能。其服务功能体现在辅导农渔会信用部业务发展，办理多种农村金融业务，这是成立台湾农业金库的最主要目的。包括一般性辅导：协助农、渔会业务发展，提升经营绩效，降低其不良贷款率；专案辅导：对经营较差的信用部实行有针对性的更加严厉的专门辅导，提升资产质量，改善财务结构，降低不良贷款率；业务拓展辅导：受托代管农业发展基金贷款，辅导信用部办理各项政策性专案农贷，推动百亿联贷计划，整合代理业务包括代收国民年金保险费、代收信用卡款、代收电信费等；在一些服务空白地区辅导重设信用部，帮助其拓展业务。台湾农业金库对农渔会辅导的手段包括：对各信用部制定发展目标，开展年度绩效考核，指导建立经营制度、业务办法以及内控制度，对农渔会一定金额以上的授信进行审批，开展员工培训，进行资讯共享等。此外，农业金库还开展农业专案融资等政策性业务。主要包括农机贷款、农粮经营贷款、山坡地保育利用贷款、渔业经营贷款、畜禽产业经营贷款、农渔会事业发展贷款、农业科技园区进驻企业优惠贷款、农家综合贷款、扶贫贷款、灾后重建资金支持等。

农业金库的成立是台湾地区在农业金融发展中重要的制度创新，作为农渔会信用部的上层机构对农渔会信用部的健康发展负有辅助和监管的责任。农业金库的健康发展对台湾普惠金融体系的建设和发展起着举足轻重的作用，施正屏（2011）针对农业金库的亏损和功能缺失提出以下政策：首先，农业金库资本额仅有200亿元新台币，当一遇到全球金融风暴则产生重大经营危机，更严重地影响到基层农业发展与金融秩序，显示农业金库抵御大型风险能力严重不足，由政府来全力支持扩大运营资本额与风险周转资金；其次，农业金库的坏账处理政策依照逾放状况有公营行库接管与重整合并等处置措施，其结果实质上是政府与全民埋单的被动式处理，建议强化由存保基金与再保险统一负起责任能更及时且有效解决"挤兑"的风险，让存款户能放心且大量存入资金增加资金运作效能；再次，农业金融监理政策方面应该在借贷前加强查核，立法严惩非正当资金借贷，严格防止地方特定利益人物或团体的交情借贷，另外对于一般真正农民需要农用资金则以宽松灵活态度处理达到基层农业金融存在价值与效用；最后，成立技术资金运用机动辅导团队，农民将需要的农用资金借出后，主动提供农民后续在农业产销信息、生产技术、创新升级、资源整合、资金运作管理等支持，做农民的全方位资金运用辅导团队以增加资金借出后的运作效率、增进农民收入与生产效益。

（三）台湾地区农业金融体系中的合作金融

台湾地区农业金融体系的健康运作和持续发展离不开商业性金融机构的参与。参与台湾地区农业金融体系的商业性金融机构以"中国农民银行"（现已并入合作金库）和台湾土地银行为典型代表。"中国农民银行"主要负责调节农村金融秩序、代管农业发展基金贷款业务、具体办理有关农业和农村的政策性贷款和本行自办的农贷业务。台湾土地银行是台湾地区政府指定的唯一办理不动产信用和农业用途的专业银行，主要通过实施政府土地政策，推动农业发展。

合作金融既是农业经济中农民通过合作来满足融资需要的重要途径，也是农民获得贷款最为基础和容易实现的途径。然而合作金融不同与商业金融，其发展路径也尤其独特。田剑英（2010）将农村经济合作组织（主要是为农民提供金融服务）的发展历程大致分为四个阶段：第一阶段为初创期，这个阶段是合作组织萌芽和起步阶段，农民根据自身利益建立合作组织来加强与市场的联系；第二阶段为发展期，这个阶段是合作组织深入发展的阶段，合作组织在经过一定阶段时间的发展后成为独立的经济实体；第三阶段为成熟期，这个阶段是合作组织全面走向繁荣的时期，合作组织自身已经有了足够的经济实力来实现一定的商业化运作，并能够创造一定利润；第四阶段为衰退期，这个阶段是合作组织走向衰亡的时期，由于自身缺陷，合作组织在市场竞争中面临巨大的竞争压力，运营成本超过收入，最终使合作组织改变运营模式或倒闭。从我国大陆地区的农村信用合作社改革来看，由于面对商业银行等金融机构的竞争压力，我国的农村信用合作社已经失去了合作职能。台湾地区的信用合作社也正处于衰退时期，信用社网点数量急剧萎缩。然而，合作金融在融资困难的农业经济中的巨大作用不容忽视，不能因为其商业竞争能力差而因噎废食。目前来看，合作金融是发展农业经济巨大的推动力量，应当对其充分论证并将其推广。

作为台湾地区普惠金融体系的重要组成部分的台湾合作金融，在促进台湾地区合作经济、农村经济发展中发挥着积极作用。经过50多年的发展，已形成以台湾省合作金库为领导、农业金库和农渔会信用部为基层金融机构的合作金融体系。台湾合作金库、农业金库和农渔会信用部是台湾合作金融体系中的支柱，在合作金融体系中虽然组织性质不同，但服务宗旨和服务对象明确，因而在运作过程中相辅相成、功能互补，是台湾地区农业金融的重要力量。

（四）台湾地区农业保险服务

较高的风险是农业经济的本质特征之一，不论海峡两岸，都长期面临着严重的自然灾害（地震、台风等），农业保险对于农业经济发展具有深远意义。台湾地区现行实施的农业保险为家畜保险，于1955年5月在屏东县的5个乡镇试办，1960年按照"行政院"颁布的"农会办理家畜保险管理准则"，直至1963年台湾地区公布"台湾省各级农会家畜保险管理规则"才正式开办。随后依据"农业发展条例"陆续修订家畜保险办法及相关法令规定，由政府辅导各级农会办理，并通过相关产团体协助，鼓励台湾农民投保，以分担畜牧业经营事业风险，促进农业经济发展。然而台湾地区并无种植业保险，主要原因包括：风险单位过大，在很大的地域范围内难以分散；农作物保险对厘定费率、损失鉴定和理赔等方面技术要求较高；农民的保险意识不强；等等。

台湾地区"中央存款保险公司"成立于 1985 年，根据《存款保险条例》存款保险的对象为：银行，包括台湾一般银行、中小企业银行、信托投资公司、外国银行在华分行等；邮政储金汇业局；信用合作社；设置信用部之农、渔会。"中央存款保险公司"专门办理存款保险，为参加存款保险的金融机构存款及信托资金提供保障的职能，为风险较高普惠金融的发展提供了信用保证。此外，"中央存款保险公司"的检查监督、辅导等各项职能对普惠金融体系建设起到了监督管理的作用，能在最低限度上防止许多风险的发生。

自设立至今，"中央存款保险公司"对台湾农业金库、台湾土地银行、农渔信用部、农业信用合作社等大量农业金融机构的存款提供信用担保，有效地解决了因在农业经济的不稳定性、低利率和高风险特征下，各农业金融机构无法获得足够的存款用于支持农贷业务，农业金融事业萎缩的局面。在这方面，"中央存款保险公司"不仅为高风险的农业存款提供保护，保障农业金融机构存款人权益，还能较为有效地促进各金融机构解决农业金融中的逆向选择和道德风险等问题，并为农业金融机构提供一定的流动性。"中央存款保险公司"的设立使普惠型农村金融体系在信用担保和风险承担上更趋完善，这也是向各类农村金融机构发出的一个积极信号，通过对它们所吸收的存款进行保险，鼓励它们积极参与农村金融事业。此外，"中央存款保险公司"风险防范与监督检查机制，也能较为有效地控制风险。

（五）台湾地区农业金融发展经验及启示

台湾地区农村金融成功的发展经验给予大陆地区建设普惠型农村金融体系有很好的典范和启示作用。总结如下：

1. 判断好农村经济形势并合理规划，农村金融体系改革必须目标明确

我国政策制定者应对大陆地区农村金融的供求现状进行全面的调查和判断，根据我国国情制定适合大陆地区农村金融现状的有针对性的政策措施，并对政策效果进行持续动态的监测、分析和调整。由于农村金融政策涉及多个部门，因而应当在国家最高层面设立一个农村金融政策的总协调机构，这对于提高农村金融体系中各机构的协作效率、相互配合和优化政策组合非常关键。雷启振（2010）指出台湾农村金融体系最为显著的特点，就是始终贯彻一个目标，即为农业和农村提供充裕的资金。也正是因此，农村金融体系为农业、农民、农村提供了充足的资本支持、金融支持，才使台湾农业迅猛发展，顺利实现了农业的产业化、商业化、市场化和现代化。

2. 建立健全完善的法律法规保障机制

运行良好的司法体系对有效的信贷机制具有决定性的作用，这就要求司法体系

能够及时独立地提供公正客观的判决。例如，提高对土地占用权利的保障，可以使土地使用者通过抵押土地获得贷款。金融机构在有土地抵押的情况下，更愿意提供贷款，也更愿意提供长期贷款，贷款的效率更快，手续也更简便。从台湾经验来看，大陆地区建立农业金融体系的首要任务就是建立起适应农业金融发展的相关法律法规，明确农业金融组织的法律地位、职能目标以及各机构的权限关系，明确政府机关、金融机构和农民三者的关系，运作农业金融体系以支持农业经济发展有法可依、规范高效。

3. 建立多样化的农村金融组织

吴国华（2013）认为，"以商业性金融机构为主体的中国大陆农业金融制度显然不能很好地适应中国大陆农业及农业金融机构发展的需要，中国大陆农业金融制度仍存在着产权关系模糊、内部监控以及风险控制机制不完善等弊端，缺少以农渔户为主体的真正的农业金融组织，农渔民的农贷资金需求很难得到切实的保证。"也就是说，目前大陆地区提供农业金融服务的金融机构过于单一，缺乏类似土地银行、农渔会信用部等多样化的农业金融机构，农业融资渠道太少。因此，应当积极改革对与农渔民有直接业务往来的农村信用合作社和中国农业发展银行，使其能够更多地提供满足农业资金需求的服务。较为完善的农业金融体系应当涵盖服务性、商业性、合作性、政策性、民间性等各类农业金融机构，相辅相成互相配合，以增加农业融资渠道，广泛地为农业融资提供服务。

4. 完善农业金融担保和保险体系

从台湾经验看，"中央存款保险公司"的存款保险、农业信用保证制度、农民保险、农地抵押贷款等保证了台湾农业金融体系的健康有效运作与快速发展，这些配套机构的存在分散农业金融机构的融资贷款风险，引导农业金融机构积极开展农业融资服务上作出了巨大贡献。大陆方面农业金融的保险机制是相当缺乏的，只有个别发达地区存在少量的农业金融保险机构，这对中国这个农业大国的作用是微乎其微的，应当积极探索如何完善农业担保和抵押机制，提高整个农业金融体系抵抗风险的能力。

5. 农业金融机构的职责应当明确，并且竞争协作优势互补

台湾地区农村金融体系机构繁多、成分复杂，但各个机构职责明确、分工合作，较好地满足了农业和农村经济发展的金融需要。合作性金融、商业性金融及政策性金融等金融机构各司其职，在提供农业生产性资金、促进农产品流通、加快农村工业化和城镇化等方面发挥了各自独特的重要作用。同时，它们的相互竞争不仅提高了农村金融的效率，更促进了农村金融体系的成功运作。从我国目前农业金融发展的现状来看，首先应丰富农业金融体系中机构的种类，前文已经指出应当积极构建

多样化的农业金融机构，但是从台湾地区经验来看，多样化的农业金融机构主要是扩大了农业资金规模和丰富了农业融资渠道，其重要的一点是各个机构应当明确各自的职责和分工。此外，应当在商业性金融、合作性金融、政策性金融和民间性金融之间引入竞争机制，以促进各机构相互竞争、互利共赢。

三、台湾地区中小企业融资体系

享有"中小企业王国"美名的中国台湾地区，从全世界范围来说，其所拥有的中小企业数一直颇为壮观。台湾地区为了解决中小企业"融资难"问题，通过制度设计，建立了中小企业联合辅导中心、中小企业信用保证基金和中小企业银行"三位一体"的中小企业融资综合服务体系。为全面解决"中小企业融资诊断、辅导问题"，台湾地区于1985年将中小企业联合辅导基金提升为直接管辖的综合性辅导资讯机构，并且强化融资辅导功能。近30年来，中小企业联合辅导中心成为台湾地区对中小企业提供财务融通辅导的重要机构，大批中小企业通过中心的诊断和融资辅导支持，提高了融资能力；商业银行是联合辅导中心的技术团队，它们在对中小企业的诊断、辅导中，培育了客户，控制了信息不对称的风险。为了解决"中小企业信用不足问题"，1974年由台湾当局、银行共同出资设立了信保基金。经过39年的发展，信保基金在组织保障、服务对象、资金补充、风险分担、内外部监督管理等方面，形成了合理的制度设计，构建了科学有效的运行与监管机制。由于信用保证有资金放大的倍数效应，为了确保信保基金的使用与台湾当局对中小企业的产业导向相适应，目前信保基金中台湾当局的出资比例达八成，形成了绝对控制的局面。截至2013年5月，信保基金累计承保了33.6万户中小企业，所扶持的企业上市、上柜数量占台湾证券交易所上市、柜买中心上柜企业总数的45%。为解决"银行贷款动力不足"等问题，1976年台湾地区将台湾合会储蓄公司改组，成立了台湾中小企业银行（以下简称台湾企银）。台湾企银成立时，其对中小企业的贷款比率按规定不低于70%。1998年改制上市后，台湾企银的股权结构虽有所变化，但台湾当局的各类股份仍达1/3，拥有其主要经营决策权。因此，台湾企银在一定程度上继续担负配合服务中小企业的政策任务。据统计，2010—2012年台湾企银的贷款中，中小企业贷款保持四成比例。

"三位一体"的中小企业融资综合服务体系是一个有效的制度安排。完善的融资辅导和信用保证制度，以及政策性银行作用，带动了其他银行参与中小企业贷款，在台湾地区发挥了信贷资源向中小企业配置的主导作用。台湾地区中小企业融资体系是随着台湾中小企业的不断成长而建立和健全起来的。自建立以来，它充分发挥融通资金、信用担保和辅导服务等功能作用，有效地解决了中小企业发展中的融资困难，有力地促进了中小企业的发展。台湾地区中小企业融资体系是由融资供给体系、融资保证体系和融资辅导体系等组成，形成了较健全的中小企业融资体系，它们相互配合、通力协作，共同为中小企业发展服务。现阶段，台湾地区中小企业的融资方式可分为直接融资和间接融资。其中，在直接融资方面，为协助有潜力的中小企业获得权益性资金，台湾地区通过设立中小企业开发公司、投资服务办公室，执行中小企业创业育成信托投资专户和加强投资中小企业实施方案等措施，支持有潜力的中小企业发展。

自 20 世纪 90 年代起，依据"中小企业开发公司营运管理办法"，结合"经济部"中小企业发展基金、台湾中小企业银行及企业楷模等公民营单位共同集资，台湾地区成立了台湾育成开发、华阳开发、资鼎开发三家中小企业开发公司，协助中小企业获取资本金，并辅导企业进行现代化的经营管理。以资本规模来看，华阳开发公司规模最大，资本额总计 8.2 亿元新台币，且华阳开发公司累计投资家数和累计投资金额最多，分别为 127 家及 20.8 亿元新台币。以台湾育成开发股份有限公司为例，由于中小企业在成长过程中较难取得中长期资金，以至于影响企业长期发展，时任台湾中小企业协会理事长，即本公司董事长李成家先生，邀集了经济部中小企业发展基金、中小企业联合辅导基金会与当时岛内 7 家中小企业专业银行，以及民间知名企业共同出资，于 1992 年 12 月成立岛内第一家中小企业专业投资与辅导机构——台湾育成中小企业开发股份有限公司。"育成"名字的由来是取"培育""养成"中小企业的意义。

2007 年 9 月，投资服务办公室成立，主要职能是执行中小企业创业育成信托投资专户和加强投资中小企业实施方案。中小企业创业育成信托投资专户持有由中小企业发展基金划拨的 20 亿元新台币，采用信托投资方式，委托兆丰国际商业银行、台湾育成开发、中华开发工业银行、华阳开发、创新工业技术移转公司 5 家管理公司，评估投资创新或升级转型 5 年内的中小企业。根据最新数据显示，其已投资 75 家中小企业，中小企业发展基金投资金额为 13.64 亿元新台币，管理公司参股投资金额为 15 亿元新台币。加强投资中小企业实施方案由"国家发展基金"划拨 100 亿元新台币，采用信托投资专户方式，由 7 家管理公司参股资金共同投资中小企业。截至 2013 年，该方案已投资 24 家中小企业，实际投资金额为 7.36 亿元新台币，专业管理公司参股投资金额为 7.41 亿元新台币。

在间接融资方面，台湾地区的中小企业当中有 70% 属于家族式组织，由于规模较小，缺乏必要的抵押手段，许多中小企业不符合大多数银行放贷的要求。据统计，台湾民营企业大约有 36% 的资金来自民间借贷市场。为了帮助中小企业融资，1976

年 7 月 1 日，台湾监管部门决定将合会公司转型为中小企业专业银行，以便为中小企业提供完整的金融服务，包括中期和长期放贷。同时，按照原来的计划，要求中小专业银行在十年内完全取消合会业务，但实际上合会业务一直持续到 1995 年。依据台湾"银行法"第九十六条规定设立中小企业银行，台湾目前设有 8 家中小企业专业银行，其中台湾中小企业银行是台湾地区最大的中小企业专业银行。

此外，台湾当局通过各项专案资金，以直接或搭配银行资金的方式，协助中小企业取得专案融资。专案贷款具有特定使用目的及利率优惠的特点，可分为一般性辅导贷款、策略性工业贷款、促进自动化或电脑化贷款、公害污染防治设备贷款、青年创业贷款及其他。

目前，我国内地中小企业的总产值已经占 GDP 的 60% 以上，但是其所占的银行贷款还不到金融机构贷款总额的 30%。相对于台湾地区多元的融资渠道以及完整的融资辅导体系，内地的中小企业在融资方面则显得困难重重。借鉴台湾地区的经验，内地可从以下方面加强对中小企业融资的支持。

1. 成立高层次的机构负责管理中小企业事务

建议成立类似于台湾中小企业处的中小企业管理局，全面负责中小企业的政策、规划、咨询、协调工作，便于对中小企业进行一揽子的支持和协调。

2. 积极发展中小企业的直接与间接融资渠道

直接融资方面，可成立中小企业管理局管辖下的中小企业发展基金，该基金可联合现有的民间创投机构对有发展潜力的中小企业进行股权投资。间接融资方面，可先在部分地区开办为中小企业服务的专业银行，由当地政府负责一部分资金，其余部分资本由企业参股，待时机成熟后上市集资。这类银行可由商业银行法规定对中小企业贷款占总贷款的比率，并参考台湾中小企业银行的营运模式进行经营，包括仔细为各种中小企业分类，如微型高新科技小企业、创业工商个体户等，根据客户的不同规模和类型，银行给予不同的财务安排及指导，通过各种类型的讲座和融资说明为客户提供咨询服务；通过建立电子化服务平台，发掘顾客潜在需求，适时提供客户需要的服务。在贷款准入标准方面，尽量降低门槛，不以抵押品及担保为主，要注重管理层素质及业务前景。贷款审批时间要快捷，灵活处理，如可以经互联网申请小额周转贷款。

3. 建立以国家为主导的中小企业信用保证基金

中小企业信用保证基金由国家与银行共同出资。国家通过财政部出资，出资比例宜在 50% 以上，而鉴于义务和权利对等的原则，各银行出资份额应根据其在银行业对中小企业贷款的比率决定。

4. 建立中小企业辅导机制

中小企业随着规模的扩大，其在企业管理、财务规划、研究发展、业务营销等方面可能会遇上困难，建立中小企业财务融通辅导体系和中小企业经营管理辅导体系，为中小企业提供辅导，可在一定程度上解决中小企业面临的困难。上述两个辅导体系应在中央与地方政府的中小企业管理部门两个层面进行构建，以加强协调作用。中小企业规模小、会计财务制度等方面不健全，通过辅导机构可对中小企业的财务计划进行咨询、指导，加强内源融资的有效性。进一步完善现有中小企业信用体系，使信用保证的对象惠及更广，业务更多样化，促进民间资本型的商业化担保和中小企业互助担保的发展。健全资金补偿机制、风险分散机制，充分发挥市场的风险分散和管理功能。

四、个人信贷优惠政策

个人信贷是为自然人以及不具备法人资格的个体工商户、私营企业、合伙企业等提供的信贷服务。根据贷款用途划分，主要包括个人综合授信信贷、个人生产经营信贷和个人消费信贷三大类，每种类型根据不同标准又可划分为若干品种。

发展个人信贷的内外部条件需要与其重要性匹配。由于台湾外部法律环境和征信体系建立较为完善，行业运作相对大陆更为规范，社会信用观念普遍更强，所以在个人信贷方面台湾相对大陆而言其发展得更好。

就我国目前来说，中低层收入者为改善生活而形成的强烈的融资需求和银行出于理性提高放款标准的矛盾严重阻碍了金融配置资源和增进社会福利的功能。从台湾地区通过建立普惠金融个人信贷体系来改善的民生的经验来看，这种方式对经济增长、促进社会就业特别是解决贫困增进中低收入者福利有显著效果，尤其在当前进入解决我国城乡发展平衡的攻坚阶段，如何借鉴通过台湾地区现行具体政策，能为大陆发展普惠金融个人信贷业务提供良好借鉴。

（一）台湾地区个人信贷相关特别政策

经过不断的推动发展，台湾地区普惠制金融个人信贷体系已经建设得比较完善，针对不同特定群体推出了不同类型的个人信贷相关政策，以满足不同的融资需求，不仅对台湾地区的经济发展作出了重要的贡献，而且对普惠金融体系的建设也贡献了很大的力量。根据贷款用途不同，可以将台湾个人信贷政策划分为个人综合授信信贷、个人生产经营信贷和个人消费信贷三大类，每种类型根据不同标准又可划分为若干品种。个人消费中，住宅消费一直是人们热切关注的话题。台湾当局针对房地产市场向广大民众推出的差别化信贷政策，一方面极大地满足普通民众的购房租房需求，同时又刺激了房地产市场，促进了经济的发展。

（二）个人信贷在我国开展情况及原因分析

个人信贷虽然成为各行争夺的焦点，但是经过几年发展，结果并不理想。一是业务规模小。以消费信贷为例，据统计，在我国消费总额中，消费信贷占比不足1%，西方发达国家的占比通常高20%，二者相差甚远。二是运作效率低。办妥一笔个人信贷，少则5~6天，多则10天甚至半个月。三是风险控制难。开办个人信贷时间不长，风险控制环节相对薄弱。即便如此，部分行个人信贷不良贷款的相对占比与绝对数额，已经到了不容忽视的地步。个人信贷应该发展，各行努力发展，实践中又难以发展。造成这一矛盾的主要原因是，在个人信贷发展过程中存在四大难点。

难点之一：个人信用的征信与评估难。

个人信用制度在我国基本是一片空白，既没有可资利用个人信用登记系统，也没有因地制宜的个人信用评估系统，加上当前个人信用透明度低，个人信用的征信与评估异常困难。针对每一笔个人信贷，都要即时征信，而且这种仓促征信根本保证不了客观性与全面性。经营人员根据并不可信的征信，运用并不科学的评估指标和主观判断，对个人信用进行评估，结果不足信。这种征信与评估工作往往只是个人信贷流程中的一个工作环节，流于形式，银行本身对评估结果也缺乏信心。

难点之二：个人信贷的效率与风险兼顾难。

大多数个人信贷具有单笔金额小、流动快、时效性强的特点，这些特点决定了个人信贷对运作效率具有特别强烈的要求。银行考虑更多的则是控制风险。在操作规程上，设置冗长的流转环节，填制浩繁的文本表格，类似公司信贷，希望借此控制内部的能力风险与道德风险。在贷款方式上，担保贷款包打天下，并且相应的评估、抵押、登记、保险、公证一应俱全，希望借此控制外部风险，在此制度框架和运作模式下，个人信贷高效运作几乎不可能。银行对内缺乏信心，对外也缺乏信心，以牺牲效率为代价控制风险成为普遍的选择，提高效率与控制风险形成尖锐矛盾，二者很难兼顾。

难点之三：个人信贷风险的预警与化解难。

一是单个客户经理管理的客户对象多，贷后管理跟不上。无论是贷后检查的内容，还是贷后检查的频次都难以保证。部分明显的风险信号也难以及时捕捉到，不能及时发出预警。二是在现行的社会经济环境下，银行对个人信贷客户的掌控能力薄弱，难以及时侦察到客户的异动并发出风险预警，尤其是对那些流动性强的客户。

三是银行科技支撑滞后于业务发展的步伐，也一定程度上导致风险预警难。迄今，没有系统的个人信贷管理系统，无法按照最基本的标准对不良贷款进行自动预警，譬如部分贷款在已沦为逾期的情况下，方方面面可能浑然不知。不仅预警难，对业已发生的风险进行化解同样难。当第一还款来源出现问题，执行第二还款来源的时候，执法部门大多有保护"弱势群体"的心态，或者政府出于社会安定的考虑，抵押品执行起来一般比较困难，风险难以化解。

难点之四：直接经营者的利益与责任均衡难。

经营者最大的利益是，在最理想的状态下，即个人信贷全部序合规合矩，贷款本息能够如期收回，按照分配办法获得应得工资报酬。这一点对银行的一般从业人员来说是很容易得到的。但是，一旦一笔个人信贷达不到"最理想"的状况，轻则扣减个人所得，重则承担赔偿责任，蒙受重大经济损失。往往因为一笔贷款不慎，经营人员可能损失一年甚至儿年的工资所得。银行从控制风险的角度考虑，不得不推行诸如"包放、包管、包收、包赔"的机制，强化个人责任的同时，在现行僵化的分配机制下，又不可能因为经营人员承担风险而相应给予补偿。利益与责任难以均衡。经营人员在个人利弊博弈过程中，趋利避害，所作出的决策必然是与其劳神费力营销个人贷款，给自己制造一个个可能蒙受处罚的机会，倒不如全力以赴抓存款，抓清收，立竿见影，名利双收。其结果是，个人信贷分销渠道不畅，客户的需求进不来，银行的产品出不去，成为个人信贷业务发展的严重梗塞。

（三）我国发展普惠金融个人信贷业务的良好契机

个人信贷体系建设应该是普惠金融的主要领域。普惠金融的核心理念就是让每一个人在有金融需求时，都能以合适的价格，享受到及时的、有尊严的、方便的、高质量的金融服务。但是就目前我国情况而言，其他阶层的人更容易得到金融服务，而低收入和贫困的人群享受到的服务更少，在普惠金融建设过程中如何针对低收入人群提供高效便捷的金融服务显得尤为重要。普惠金融包括金融机构财务上要可持续，对于接受金融服务的人来说也应该是公平的，而且他们得到金融服务应该是方便的、有尊严的、高质量的。在当前我国金融市场环境下，大力发展个人信贷业务已是不可阻挡的潮流。主要的原因我们可以从以下两点分析。

第一是商业银行经营模式的改变。随着金融市场外在环境的变迁。银行经营模式被迫改变，以企业金融为重心的策略将随着存贷利差的缩小渐渐转移至个人金融，这对于发展个人信贷这一普惠制金融体系下的关键环节来说无疑是良好的契机。对于商业银行来说，个人信贷业务具有额度小、风险分散、周转快、收益高等特点。同时，个人贷款业务的良性发展还能带动资产、负债、结算、中间业务、卡业务的综合发展。因此商业银行对于个人信贷业务还是足够重视的，目前各商业银行无论在市场调查、产品开发，还是在人员培训、考核机制等方面，都投入了大量精力，纷纷建立"个人理财工作室""金融超市""网上理财"等现实的或虚拟的机构，身兼多能的客户经理来满足广大客户。同时，只要各种手段、对策积极跟进，个人信贷必将成为拉动业务发展、提高效益水平的亮点。

第二是居民自身消费的需求和传统消费观念的改变个人信贷需求在迅速扩张。改革开放三十多年来，居民可支配收入不断增加，财富不断积累，消费结构逐步升级，以"住""行"为主要内容的消费需求日益成为主流。但是，绝大多数居民仅仅依赖个人财富尚不足以圆消费结构升级之梦，不得不寻求个人信贷支持。作为经济发展到一定水平的产物，个人消费信贷需求便逻辑地被创造出来并得到迅速扩张。在国民经济结构调整进程中，个体经济蓬勃发展并得到肯定。个体经营者创业意识高涨，但其自有资本积累一般又难以满足业务发展的需要。自有资本的不足加上强烈的创业欲望，产生了对个人信贷的迫切需求。除此之外，随着人们金融意识的增强，追求生活质量意识苏醒，各种新型消费信贷蓬勃成长，也有力地助推了个人信贷需求的扩张。

在发展普惠金融的建设道路中，尤其是个人信贷业务这一关键模块上，政府是最为重要的一个环节。首先，对于政府而言，如何有效地扩大内需一直是讨论的焦点。内需的扩大，一是靠政府投资，二是靠民间投资，三是靠消费。政府投资不仅具有挤出效应，而且容易诱发有关宏观经济问题，它只是特定时期的有效手段。只有刺激民间投资，启动消费，才是扩大内需的根本出路，而二者都离不开个人信贷的同步发展。因此，发展个人信贷与基本国策是紧密相连的。国家为此出台了一系列制度、措施和办法，从政策上为发展个人信贷铺平了道路。而且，新的政策还在不断出笼，为个人信贷不断创造出越来越宽松的发展环境、越来越广阔的发展空间。其次，从台湾地区和大陆个人信贷业务发展对比来看，我们可以发现台湾当局推出了针对不同特殊群体的政策性贷款，而这些群体在我国往往是因为自身条件无法满足我国各金融机构的贷款要求而失去很多机会。当然，商业银行这样做也无可厚非，它们也是基于自身盈利角度考虑。所以，这时候如果政府能和商业银行展开征信合作，政府为有需要而无法满足商业银行贷款要求的特殊群体直接或者间接地提供信用担保，对于完整诠释"普惠"这一概念就显得尤其有意义了。最后，由于我国个人信贷体系尚不成熟，政府相关部门同样应该进一步规范个人信贷市场，完善个人担保体系建设，不能因为促进发展而放宽要求。

五、特色合作金融之储蓄互助社

（一） 储蓄互助社介绍

储蓄互助社作为普惠金融体系中不可或缺的一部分，迄今已有160多年的历史，在世界各地发挥了极其重要的作用，是国际小额信贷领域中的一支特殊的力量，是普及全球的非营利的合作金融组织，其本质上为合作组织的一种。

台湾地区于1964年8月成立第一个储蓄互助社，至今已有50年的历史。台湾储蓄互助社是唯一在台湾工业化过程中，由下而上所组建的平民合作金融机构，从成立以来，在没有政府的扶持下，在天主教、基督教的人员引领中，由偏远的山村、农村及渔村，一步一个脚印地推广、发展起来。台湾储蓄互助社是一个"非营利、非救济、服务性"的自助组织，其目的是帮助储蓄互助社所有社员有效地利用资金及有效地理财，它的存在不但可以消除地下金融活动、弥补银行功能的不足，而且可以改善基层民众的生活，缩小两极分化。储蓄互助社作为合作事业的一环，其扮演的角色为社会上相对弱势族群资金融通的微型合作金融中介机构，与基层民众的生活息息相关。回顾50年发展的历程，储蓄互助社运动确实已在台湾偏远的山区、海边，或者城市、农村深入发展，对台湾底层需要帮助的弱势民众在融资服务上的贡献功不可没，对基层金融、社会发展、人才培养和社会责任方面都发挥了巨大的作用。

储蓄互助协会清楚的定义：储蓄互助社是一群具有共同关系的人（社员）基于资金融通的需要且愿意承担共同责任（盈亏自负，有限责任制），以自助（收受社员股金—认股）互助（办理社员放款—贷款）及民主管理（社员不论认股及贷款多寡均享受平等的投票权）的方式选出干部（理监事均无给职，不得支领薪酬，但得支付正当的开支）为其经营管理，帮助社员节俭金钱，并将这些钱以合理的利息贷给社员，以改善生活及增进生产。是由其社员所拥有，并在非营利的基础上以民主原则经营的合作金融组织。其目的是鼓励储蓄、聚集资金，并为其社员及家庭提供贷款与其他相关服务。所谓共同关系，是指工作于同一公司、工厂或职业团体，或参加同一社团或宗教团体或原住民团体，或居住于同一乡、镇者。虽然限制了储蓄互助社的规模，但确立了储互社以"社员诚信"为基础的服务范围。

储蓄互助社是一个"非营利、非救济、服务性"的自助互助组织，其目的是帮助储蓄互助社所有社员有效地利用资金及有效地理财，它和以一般营利性为目的的商业银行有着本质性的区别。表1为储蓄互助社与一般银行的综合性比较。通过表中对比项，我们可以发现，储蓄互助社在经营目的、管理原则、储金性质、盈余分配、核贷准则、放款目的等方面都与一般银行有着本质的区别，储蓄互助社一切从社员角度出发，真正做到了非营利、非救济、只是服务。

表1　　　　　　　　　　　　储蓄互助社与一般银行的比较

比较项	储蓄互助社	一般银行
成立目的	非救济非营利乃是服务	营利利得
经营目的	互助互惠、宗教色彩	追求利润、市场机能
组织规模	人数约仅数百人为限	组织最大规模目标
共同关系	人的结合	资本的结合
管理原则	一人一票民主管理原则	资本强者管理原则
储金性质	股金不计息	存款计息
盈余分配	交易额摊还原则	股金多寡分配原则
核贷准则	道德信用	经济信用
贷款形态	小额放款	大额放款
放款目的	生产性、消费性放款	商业性短期流动周转
交易对象	限于社员	不限对象
成员关系	股东顾客经营者一体	股东顾客经营者独立
社员组成	教会信友占较大比例	一般社会大众
业务区域	包括山地偏远地区	概以城市为主
责任归属	有限责任制	有限责任制
法源依据	储蓄互助法	银行法、公司法
法律地位	社团法人	财团法人

随着经济萧条，各行各业或多或少都面临新的冲击与挑战，资金过剩的问题固然存在，但社会大众却常有借贷无门之苦，银行等金融机构数量城乡分布的不均及低利率时代的来临，结果自然使部分社会剩余资金无法顺利流入金融体系，也间接促成地下金融活动的猖獗。每天打开电子邮件时总会收到许多提供贷款信息的邮件；走在街头上，不论是广告牌或电线杆上也贴满许多借贷的广告；打开电视机，类似"借钱免利"的广告也不少。从市场的角度来看，显然许多人需要融资。2001年台湾地区正式开放金控公司的成立，象征金融百货公司时代的来临，消费者可以一次购足所有需要的金融商品，而消费者也越来越精明，消费模式日益"分期化"，为应付消费者对现金的热络需求，各家银行不断推陈出新争取小额信贷业务，特别针对信用卡持卡人设计"分期借款"预借现金，使得更多人对负债的警觉性越来越薄弱，养成以债理债的习惯，造成毫无节制的空心消费症候群，也衍生因过度消费而无力偿债的"卡奴"为债所逼铤而走险的社会问题。

以民间互助会的历久不衰以及时下消费借贷行为的改变，说明当前仍有为数不少的民众甘冒倒账风险去追求较高的利息收入，或为求较高的贷款机会而愿意忍受获贷后的较高利息负担。在台湾的基层金融几乎与农渔会信用部画上等号，大家以为只有农渔民及乡村偏远地区才需要基层金融机构，事实上，都会地区也有许多小众、分众的金融需求无法由一般商业银行来满足。需要小额创业贷款的青年、妇女、原住民、残障人士、中低收入户、中高龄失业及"新贫"人口等都有待成立更多的基层金融机构来提供服务，尤其对银行等有组织金融机构服务功能不足的周边服务，则应优先让健全经营、运作正常的民间团体来提供服务。储蓄互助社具有合作金融的特殊功能，透过鼓励社员储蓄并将贷放社员后的剩余资金储存于金融机构，无疑使有组织金融体系的服务触角更加深入而普遍。

再就资金运用能力而论，台湾地区金融体系的资金来源首先为社会大众，然而资金流向却集中或偏重于大企业，这不只涉及公平的问题，很可能反而有碍资源的分配。因为等额资金带给小企业和社会大众的效用满足远超乎大企业，更何况对经济弱者的融资多具扶危解困、济急救难的作用，因此适度藉基层金融组织或储蓄互助社来调节银行融资对象的偏颇也是有效的方法。

储蓄互助社是自发成立的互助合作团体，以改善社员生活、增进社员福利、促进社区发展为目的。融以储蓄及互助贷款并行，本零存、整借、期还的原则，旨在鼓励广大国民储蓄，并仅对社员服务及偏重消费性贷款，故其对发展平民融资、强化社会安定有其正面的助益，并完全符合政府勤俭建国的目标。储蓄互助社的特色有以下几点：

1. 缴纳股金为社员的义务，具有储蓄性质

储蓄互助社最主要任务为对社员放款，而资金的唯一来源即社员持续不断储蓄股金，不仅促使社员养成储蓄习惯累积个人信用能力，也使储蓄互助社健全发展而有充裕资金来源，故将社员缴纳股金列为社员义务之一。

2. 民主方式的营运

理监事由社员直接选举，避免因权宜而实行代表制间接选举，致使为少数人操纵把持，形成代表的储蓄互助社而衍生流弊，或使社员缺乏参与感与归属感，让储蓄互助社变成不是社员的储蓄互助社，社员变成顾客。

3. 选任干部不得支领薪酬

储蓄互助社强调选任干部为义务职的原因有二：主观上，储蓄互助社是由共同关系密切且具有共同利益的经济弱者所组成的团体，其结社成败维系于社员共同意识的强弱，其服务意愿的激励有助于社员参与感的提高，并使储蓄互助社的干部能较不受到外在环境的诱惑，维持其既有的本质；客观上，储蓄互助社的主要业务是将社员认缴的股金汇集贷放给需要资金的社员，在此过程中，由于其标榜照顾并服务经济弱者的美意，因此尽量缩小存放利率的差额，且为达到兼顾资金供给者及需

求者的目的，营运费用的节省就变得相当重要，而这一点则需依赖干部提供的无偿服务。

4. 重视合作教育

储蓄互助社以共同的理想与民主营运的原则去面对社员多元的需求，为提供更多更好的服务给社员，必须在各方面提高服务的质量与效率，因此干部、职员皆应全面地、经常地、彻底地接受专业训练；另外也应通过教育活动，让社员深入了解营运的内容与现况，让社员经常具备评鉴干部经营管理的能力，并可借教育排除民主营运中最容易产生的低效率性。

5. 互助基金业务保障

为加强服务社员与保障社的财务安全，参加协会代办的人寿储蓄、贷款安全与综合损失等互助基金业务，对稳定社务、减少呆账及逾期放款的形成与维护社员权益及社财务安全贡献良多，此为储蓄互助社与其他金融机构最大差异所在。

6. 重视"人格"与"信用"的结合

储蓄互助社所提供的无担保放款圆满成就了无数社员的家庭与事业，按储蓄互助社经营原则的核心就是人性发展及人类兄弟爱的观念，合作社中的无形资本（人）应该重于有形资本（钱），因为"信用合作"本来就是对人信用，因此储蓄互助社是以"诚信"为资本的合作社。

储蓄互助社的经营本质及功能符合社会责任的意义，以"非为营利，非为救济，乃是服务"，含有社会企业的概念。营利为一般公司的目的，救济为一般公益团体的目的，在自助互助的基础下，以服务为目的，求真正改善社员经济生活，并对社员及社区提供服务。它的业务有收受社员股金，办理社员放款，参加协会代办的各项互助基金，代理收受社员水电费、瓦斯费、学费、电话费、税金及罚款，参加协会资金融通等。

（二）储蓄互助社资金运作方式

储蓄互助社的资金主要来自社员的股金，社员交纳股金是社员的义务之一。储蓄互助社鼓励社员例行节约，将所节省下来的钱作计划性的储蓄。社员股金目前有两种，一种是普通股金，一种是优先股金，是储蓄互助社最主要的资金来源，且业务限于社员。与一般金融机构存款的概念不尽相同，因为社员不论存入的金额多寡均视为股金，每次至少一股，每股100元新台币，每一社员所存前述股金两者总额不得超过社股总额的20%，且普通股金不得超过100万元新台币，平日并不计息且社员如要提领一部分或全部股金，须经理事会同意，如认为必要时可延迟支付，但不得超过60日，且退股在年终决算时，该部分不计股息，而优先股金，可自由提领，但每人不得超过 200 万元新台币；股金在年终决算时，除将本社净盈余提取一部分为公积金及提取 5% ~ 10% 为公益金之外，其余部分则为股息分配与利息摊还。对社员所认缴的股金不得有保本保息或固定收益的约定，仅在年终决算后经社员大会通过盈余分配案发放股息，但社员若在年度中申请退股，该部分当年度不得参与分配。简言之，社员可以依照自己的需要按期（每月或每周）及有计划性省下来（而不是剩下来）的钱储蓄，而非自然的累积缴存股金，股金交纳可以说是储互社社员的义务性质，且还具有储蓄功能。储互社鼓励社员平日按期做有计划的储蓄，以便早日脱离贫穷。

依"储互社法"规定，储蓄互助社的资金主要皆来自社员所交纳的股金，股金大部分都会先贷放给需要的社员，当资金有剩余时，除了可参加储蓄互助协会的资金融通或购买国家公债外，也都依规定存放在有存款保险的金融机构。储蓄互助社的资金运用情况大致可分为以下四项。

1. 办理社员放款

储蓄互助社鼓励社员例行节约，将所节省下来的钱作计划性的储蓄，并将其所吸收的零细资金汇集做有效运用，以短中期贷款及分期偿还方式贷放给需要资金的社员，因此对平民金融的贡献相当宏大。在台湾，一般的工资收入者、劳动者与农渔民等弱势群体因无法提供担保物品难以从正规的金融机构获得贷款，但在储蓄互助社，则可以以信用互助贷款方式，对无法提供担保品以获取银行贷款的低收入经济弱者提供贷款，使其得以享受资金融通的方便及照顾，更使其免收高利贷的剥削，降低或消除地下金融的依赖。

储蓄互助社的自有资金大部分都贷放给社员，以改进社员的经济状况。由于这些放款属于信用贷款，因而对经济弱者的改善生活有很大的帮助。而依照社员贷款运用的用途加以分类可分成改善生活及促进生产两大类。根据储蓄互助社 2010 年底资金运用统计资料表明，促进生产中的商业性生产所占比例最高，其次为改善生活与修建房屋。储蓄互助社希望透过资金的贷放，以服务与满足社员日常生活所用。

社员为改善生活或促进生产用途提出贷款申请，须经放款委员会开会审核批准。社员每人借款最高额度由理事会决定，但不得超过社股金与公积金总额的 10%。其中，在无担保放款方面，自然人借款以不超过其股金结余加 100 万元新台币为限。在担保放款方面，社股金总额未达 1 亿元新台币者以 300 万元新台币为限，社股金总额达 1 亿元新台币者以 500 万元新台币为限。

社员贷款需要提出借款申请书，注明借款的用途和偿还办法，并经由放款委员会（由理事中互选 3 位组成）征信协谈后，依据储蓄互助社的章程及理事会订定的放款规定开会审核，只要符合正当用途并有完善的偿债计划，通常会以无担保放款为原则批准。储蓄互助社以低利率贷款提供给需要的社员，贷放方式多以个人信用为基础，无须提供任何担保品，但必要时，也要求贷款社员附连带保证人或提供担保。每期偿还金额和分期长短可由社员自己与放款委员会商量决定，依照其收入能力按月或按期偿还贷款。因为储蓄互助社的贷款采用本金平均摊还计算，一方面直接减轻其利息负担，另一方面则鼓励社员遵守合约，发挥其互助及守约精神。因此分期偿还及短中期互助贷款为表里一体、相互为用，适合于经济能力较薄弱的低收入者，正符合照顾平民大众的运动宗旨。

每年储蓄互助社的放款中都会出现违约现象。对于借款人信用风险评估不当，不但影响债权的确保，也损失收益性及流动性，会大大影响储蓄互助社的资金业务的开展。因此，在放款业务中，评估借款人的信用风险、提高放款品质是最重要的一环。下面通过个人特质、贷放条件、外在总体因素三个方面来评估借款人的信用风险。储蓄互助社可以利用这三个方面的具体情况当做放款批驳、额度多寡的依据，以提升放款品质，减少机构的损失。其中，个人特质包括个人属性、偿债能力、信用往来、财产状况等方面，评估参数可选用教育程度、负债收入比、同户贷款、未偿还率、年资借款、延期月数、提供担保等。经由个人特质的分析，可了解其差异性，个人特质可经由表格资料的填写或是直接访谈得知。除了显性的个人特质外，也可以从显性资料中延伸出一些隐形个人特质，如责任感、还款意愿及人际关系等，当做审核的参考依据；其次，在贷款条件方面，贷款时点、贷款金额、利率及期数等可分类为贷款条件内容，经由条件内容可得知一个申请人的风险承担能力优劣与否。本身个人特质若无法承担所申请的贷款条件时，出现违约的概率就比较高。最后，在外在总体环境因素方面，包括经济变动、失业率变动、存放款利差变动等，总体外在环境若变差时，违约概率相对也会提高。

2. 购买公债或经当局主管机关核可的金融商品

因为储蓄互助社股金是社员的薪水的一部分所认缴，不宜投资高风险商品，所以储蓄互助社在收受股金后，依"储蓄互助社法"第九条第七项规定可购买基金和公司债等低风险金融商品。

3. 提供社员小额保险

互助基金是针对无法获得商业机构帮助的社会底层民众，提供金融救助管道。因为生、老、病、死是人一生中都会面对的问题，无论经济好坏有病总是要医，但是常常忽略重大疾病险，万一生病无法工作，生活顿时捉襟见肘，因此规划保险时投保重大疾病险是当务之急。此外，只要社员有借款，都提供借款保险保障。储蓄互助社社员的保险是由储蓄互助协会代办，收了保费再向国外或国内保险公司投保，每年要支付1000多万元新台币的行政费用。储蓄互助协会主管表示，储蓄互助协会目前代办的各项基金（保险）都是简易寿险，业务单纯而且无理赔争议，但因储蓄互助协会不是保险公司，这部分需修法并取得"金管会"同意。

4. 剩余资金皆存放在合法可考的金融机构

储蓄互助协会主管指出，因金融危机的影响，造成储蓄互助社现在不能购买金融商品，但银行不收大额存款，储蓄互助社资金面临无处可去的窘境，2009年3月底储蓄互助协会会员大会因而决议修改"储蓄互助社法"，比照农渔会信用部、信合社转存制度，将闲置资金以利率加码方式转存其他金融机构。过去农渔会信用部没有上层农业金库调度，造成资金留至非农业部门，农业金库成立后，善用这些资金，协助台湾农业从生产、制造及行销转型；而且主要的获利来源于农业金库的利率辅助。目前专家学者提出，储蓄互助协会应争取修法，增加资金运用空间，或将闲置资金比照农渔会、信合社的转存制度，以获得较高的利率。

综上所述，储蓄互助社汇集资金的方式与运用和一般商业银行不同，储蓄互助社主要的资金来源是存款（股金）收入，在运用所收的股金时先贷放给急需用钱的人，次之投资政府核准的低风险金融商品与公债，并购买保险，扣除开支后，多余的资金依法放入金融机构中，赚取小额利息收入。因其组织本身具有浓厚的教育与社会意义，故与一般营利性金融机构不同，也与其他信用合作组织只偏重社会合作功能，却不很重视社员教育的情况有所区别。它不但希望能辅导社员养成持续性的节约习惯，还教导社员如何有效运用资金。因为储蓄互助社设立的目的，主要是提供社员较低利率且较方便的贷款，其营运的指导方针是如何在到账损失最低的安全原则下，运用组织有限的资金，以满足经济弱势社员在资金融通上的需要。

（三）储蓄互助社的问题及发展趋势

储蓄互助社经营面临的问题主要有以下几点：首先，因存放比率下降加上贷放比偏低，而储蓄互助社只对社员进行放款，只要有放款业务，难免会发生逾期放款及呆账的产生，导致逾期放比率逐渐攀升，造成储蓄互助社的损失。对比银行最近数年的逾放比率由接近10%，下降至2011年2月的0.58%，信合社更由最高的10%上下，下降至2011年1月的0.57%，相比之下，储蓄互助社逾放比偏高绝不可小看。其次，股息分配率逐年提高，导致盈余缩水最近十年储蓄互助社的股息分配率平均比银行一年期定期存款平均利率高出很多，股息分配率高低涉及盈余的分配政策，储蓄互助社经营的盈余是要以分配股息为主，或是以累积更多公积金为主，来厚植储蓄互助社经营体系，过去是以分配股息为主，如此一来，不但养大社员对股息分配的预期与胃口，而且绝对不利于健全体系的维持，股息分配政策的重新思考与调整是今后储蓄互助社需面对的挑战课题。再次，余裕资金充斥最近十年间，整体储蓄互助社的存放比有一路下滑的趋势，储蓄互助社已逐渐从资金不足机构转变为资金过剩的机构，导致余裕资金充斥，是目前储蓄互助社共同的现象。储蓄互助社应该趁机调整社务经营并寻求永续性的解决之道。但大部分储蓄互助社将闲置资金链而走险地购买金融商品及其他业务。学者专家曾在储蓄互助协会的杂志中提出：即使是现代化的金融控股公司及银行有专门金融操作人才，对风险的控管及获利性的提升，都还是一个挑战，而储蓄互助社相对而言，更见劣势，此一挑战不容小觑。然而绝大多数投资标的，多属由储蓄互助社自负盈亏，并非保本保息，风险波动大。对银行而言，由于自由资本高达数百亿元，其承担风险的能力颇强，也有国际清算银行的资本充足率达 8% 的规定，即使部分投资失利，只会适度反映在股价，并不损其经营体质，但储蓄互助社的余裕股金是社员的财产，若有社因投资失利，轻则财务体质弱化，重则可能招致社员恐慌，这是储蓄互助社经营者迫切深思的问题。最后，股金流失问题。因为储蓄互助社拓展不深，再加上投资失利所造成的亏损，股金大量流失已经是极大的问题。储蓄互助社在收受股金后，本来依法规定可购买基金和公司债等商品，但金融危机造成多家储蓄互助社投资产生亏损，2008 年底储蓄互助协会已要求各互助社暂停投资金融商品。

储蓄互助社作为一种以人的互助为主的合作金融组织，其发展的趋势不是在于其营利的多寡，而在于其对社员与本国社会及国际社会大众照顾的程度。资金融通只是它的日常工作，其目标应在于如何让全世界每个社会上的经济弱势者都能经由它的协助而获得生活的改善与生命内涵的提升，因此，其发展并不能只限于金融经营能力的增进，更重要的是，要让社会大众认知到其对于生活改善所可能提供的助益。

虽然人类社会早已进入 21 世纪，但仍面临贫富不均和金融资源如何有效配置的重大挑战。作为经济弱者的穷人，在新经济体系中仍是边缘人，无法靠着自己的信用或足够的资金解决生活与生产的问题。储蓄互助社运动在超过百年的发展历史中，提供了人们如何增进金融资源运用公平性的可贵经验，对抗贫穷最好的方式并非不断给予消极的经济协助，而是应该厚植抗贫的能量以及充实自我的知识能力，进而使得低收入第二代青少年能够运用自我的潜力，通过这个方式鼓励弱势家庭中年轻人储蓄、受教育、协助就业，才是让他们脱离贫穷的根本办法。从中我们可以看到，因为有了储蓄互助社，使穷人有机会看到未来的愿景。在我们的社会中，除了储蓄互助社外，还没有其他机构愿意为穷人提供具有人性尊严的金融服务。储蓄互助社作为金融组织的一员，虽然规模相较于其他金融机构显得渺小，但因为它是以人的互助为其主要精神，因此组织的运作方式与目标也和其他以营利为目的的金融机构不同。

在脱贫方案的规划中，台湾储蓄互助社思索着如何运用自有的利基点去协助弱势族群脱离贫穷，在国内经过学者的引介下，认为脱贫理论的"资产累积福利理论"强调以"资产"为基础的社会福利模式值得推行，运用合适的鼓励诱因机制设计，结合公私部门组织，特别是金融体系与单位，协助与促进低收入家户形成与累积资产，提升其长期消费水平，增强其抗贫力，以走向经济自立。因此，储蓄互助社运用此种模式，作为协助经济弱势者脱贫的核心概念，并以"投资"的观念，而非单纯只是"慈善"的给予推动建构规划。储蓄互助社运用企业资源，一方面帮助低收入户定期储蓄，以累积有形的资产，另一方面提供理财教育等相关课程，对财务规划有所认识，协助弱势族群能积极有效地管理财富。运用储蓄互助社的自助互助原理，加以相对提拨的"个人账户"，帮助累积信用与资产，当做母金，待有资金需求时，申请贷款，贷款期间仍持续储蓄及按期还款，还款完毕，其个人资产及信用持续累加，母金扩增，成为可以循环运用的个人小金库。养成长久储蓄的习惯，才有可能协助弱势族群脱离贫穷。

面对未来挑战，储蓄互助社不仅要持续提供服务，同时，还要开发具有特色的新产品，以扩大经营的广度与深度。事实上，储蓄互助社所提供的服务若要具有优势，就不能停留在传统的思考层面，而应立基在其所拥有的高度人际关怀基础，进一步走向高科技的服务。高科技的服务除了提供优良商品、维持公道价格外，还需要考虑的是如何将社员的融资需要整合在电子商务网络中，为社员提供适度的资金运用规划。因为在电子科技的协助下，储蓄互助社将可以做到更适时地满足社员融资的需要；另外又能有效地评估社员偿还贷款的能力，而使资金的运用不但公平且有效率。透过电子商务，应可以使储蓄互助社能处理更多的业务，带动每个工作人员的附加价值，甚至降低资金交易的风险。社员可以根据自己的交易条件，决定何时、何地、如何交易，从而增加自身的选择空间，降低自身的交易成本。例如经由计算机网络，使得社员得以在家而不用亲自到互助社办理各种金融的借贷或转账事务。在咨询无国界的今日，储蓄互助社必须能更加有效地掌握社员的偏好，特别是要能有效呼应社员对服务的质量与速度要求，那么储蓄互助社在新的世纪将会有不可限量的发展潜能。

（四）台湾储蓄互助社的发展经验

台湾储蓄互助社能够在台湾地区蓬勃发展并具有了如此重要的影响力，是因为它符合人性，符合人类之间需要自助、互助的本性。大陆也需要这样的储蓄互助社，尤其在广大的农村地区偏远山区，人们生产的发展离不开资金上的自助、互助。台湾储蓄互助社在实践中积累了丰富的经验，大陆可以有效地借鉴其经验，发展出适合大陆体系的储蓄互助社。

1. 坚持互助合作原则，明确农村资金互助合作组织的法律地位和组织性质

结合我国农村资金互助合作组织的基本特征及其产生的时代背景，应该坚持互助合作的基本原则，在法律层面进一步明确农村资金互助合作组织的法律地位和组织性质，可以根据组织发展规模、服务范围及组织功能将农村资金互助社明确地界定为社区互助性的"微型金融服务组织"，属于非营利法人，依法注册登记为社会团体或民办非企业单位。因为农村资金互助社是以资金互助而非以金融营利为目的，组织内部的资金互助与生产合作同一性，即合作社的财产所有者和惠顾者同一，甚至可以完全重合，因此不同于企业法人。我国台湾地区"储蓄互助社法"规定储蓄互助社的法律主体性质属于非营利社团法人，储蓄互助社章程中明确其组织性质是"非为营利、非为救济、乃是服务"，以此区别于营利法人和财团法人。我国《民法通则》中并未采纳社团法人和财团法人的分类，仅作为理论的学说，因此在将来对《暂行规定》的修订或者《合作金融法》的立法中应该明确农村资金互助社"非营利法人"的法律性质。中国银监会的《暂行规定》和《示范章程》应适合于不同类型的农村资金互助社、专业合作社内的资金互助社、社区合作社内的资金互助社以及不依托合作社在乡（镇）和行政村范围组建的资金互助社，都应该纳入法律规章的调节范围，并在此基础上研究制定相关法律制度，明确农村资金互助合作组织的法律地位和组织性质。

2. 坚持多元发展和适度整合原则，培育不同类型的农村资金互助合作组织

针对不同农村地区的经济发展状况，农村资金互助合作组织的发展类型和运行模式的选择也应有所不同，对农村资金互助合作组织的发展规模的控制至关重要。组织规模和覆盖区域过大，就会失去信息灵通和地缘、人缘等优势，同时如果资金链因农产品市场行情的剧烈变动而在某个环节上出现断裂，将导致社员大范围的贷款拖欠，甚至可能出现大范围呆坏账现象，这将直接影响到资金互助组织的稳定和有序发展。规模太小，资金少，达不到规模经济效益，致使互助组织覆盖面不广，对农民帮扶有限。

因此，应该坚持多元发展和适度整合原则，培育不同类型的农村资金互助合作组织，同时适度整合，控制其发展规模，促进农村资金互助合作组织的规范有序健康发展。在发达地区的农村，可以考虑在一个乡镇范围内成立规模较大的资金互助社，可以广泛吸收专业合作社及普通农户加入，这样社员来源广泛、资金较为充足，融资规模较大，帮扶农民发展农业生产经营的作用更大。同时，在一些地方鼓励那些成立时间长、管理规范、固定资产多以及盈利较好的农民专业合作社在其内部设立资金互助社，并将两者有机结合，促进专业合作社的规范化，通过投资与融资实

现双赢,将供、产、销紧密联系起来,更有效地促进农村生产力的发展。但是,单一的专业合作社内的资金互助,可能会出现季节性资金短缺,必要时成立专业合作社之间的资金互助联合会,这样互助的平台将明显扩大,调剂规模更大,覆盖成员面更广,利用经营季节的错位来满足社员不同时节的资金需求。对于欠发达地区的贫困村,可以成立政府资助型的资金互助社,通过政府搭建农户自主参与的组织平台,为贫困农户提供更便捷、更经济的金融服务。同时,可以立足贫困村扶贫开发和发展农业生产的实际情况,积极培育农民专业合作社,将政府扶贫资金扶持专业合作社的发展,或以专业合作社为平台载体对贫困户开展资金互助合作,帮助贫困户发展生产,脱贫致富。

3. 坚持统筹兼顾原则,制定实施"低门槛、严监管、促发展"的监管政策

根据农村资金互助社的自身特点和服务对象,政府各相关部门的监督管理机构,如银监会、人民银行、财政部门、民政部门、农办或农经委、扶贫办等应该坚持统筹兼顾原则,加强部门之间的沟通协调,建立协作工作机制,将促进农民资金互助与加强金融监管有机统一起来,制定实施"低门槛、严监管、促发展"的监管政策措施。

参考文献

[1] 杜兴军. 论台湾普惠型农村金融体系建设 [J]. 湖南大学学报,2013,27 (3):72-78.

[2] 苏宝玉. 台湾农业金库的运作模式及其对内地农信社改革的启示 [J]. 港澳台金融,2010,410 (10):38-40.

[3] 施正屏,罗志敏. 台湾农业金库改革效能之经济分析 [J]. 台湾农业探索. 2011 (3):1-5.

[4] 李桐豪,梁连文. 台湾农业政策性银行的演变与发展前景 [J]. 上海金融学院学报,2009,96 (6):63-68.

[5] 黄达. 金融学 [M]. 北京:中国人民大学出版社,2009.

[6] 朱英刚,王吉献. 国外及台湾地区土地金融研究与借鉴 [J]. 农业发展与金融,2008 (11):37-42.

[7] 杨秀萍. 台湾地区农地金融制度的若干启示 [J]. 金融与经济,2010 (3):73-75.

[8] 张文棋. 台湾合作金融:发展与借鉴 [J]. 亚太经济,2006 (2):68-71.

[9] 张震雄. 台湾合作金库与福建农信联社运作模式比较 [J]. 福建金融,2011 (9):16-19.

[10] 张文棋. 试析台湾农渔会信用部的发展 [J]. 台湾农业情况,1990 (1):10-12.

[11] 马柯,黄博怡,游士宇. 两岸信用保证制度之比较分析 [J]. 中小企业发展季刊第27期.

［12］杨宜，杨泽云．论构建农业信用保证体系，疏解农村农业融资难题．2008．中国乡村发现网（www. zgxcfx. com）．

［13］蔡宏昭．农贷行库农贷业务划分之探讨［J］．基层金融，1984（8）：185－215．

［14］雷启振．台湾农村金融体系及对大陆的借鉴［J］．当代经济，2010（12）：152－153．

［15］吴国华．进一步完善中国农村普惠金融体系［J］．经济社会体制比较，2013（4）：32－45．

［16］戴淑庚，魏豪．台湾农业金融制度及其绩效研究［J］．商业研究，2013，431（3）：149－153．

［17］单玉丽．台湾地区农业金融体系的形成与发展［J］．福建金融．2008（12）：16－20．

［18］侍安宇．台湾中小企业银行的发展与转型历程［J］．上海金融学院学报，2009（5）．

［19］洪颖文．台湾中小企业融资策略之研究［D］．国立中兴大学企业管理研究所未出版硕士学位论文，1994．

［20］王铂波．企业成长、青年筑梦创业的融资好帮手［J］．中下企业发展季刊第25期．

［21］林德宗．银行辅导中小企业之研究［J］．2010，7．

［22］邢乐成，梁永贤．中小企业融资难的困境与出路［J］．济南大学学报，2013．

［23］张佩涵．国内储蓄互助社建构系统金融制度之研究［D］．真理大学经济学系财经硕士班，2011．

［24］肖涵弥．合作金融组织社会责任之研究——台湾水滴储蓄互助社个案分析［D］．逢甲大学合作经济学系硕士班，2012．

［25］邱晓婷．台湾储蓄互助社志愿服务社干部之组织成效研究［D］．逢甲大学合作经济学系硕士班，2010．

［26］康建民．个人贷款信用评分模型——以储蓄互助社为例［D］．国立暨南国际大学财务金融学系，2008．

［27］郭迪贤．微型金融合作事业之桥的角色与功能——以台湾储蓄互助社为例［J］．安徽师范大学学报，2010，38（3）．

［28］李爱莲．始终坚持合作制原则构建农村金融新体系——我国台湾地区储蓄互助社发展经验及启示［D］．北京商业管理干部学院合作经济研究中心，2013．

［29］李桂秋，吴肇展．台湾储蓄互助社规模与成长之研究［J］．青岛农业大学学报（社会科学版），2010，22（4）．

［30］黄兴泉．台湾储蓄互助社发展与法制化之研究［M］．基层金融研究训练中心，1996．

［31］Stiglitz, J. and A. Weiss, Credit Rationingin Markets with Imperfect Information, American Economic Review, 1981：71：393－410．

责任编辑：孙国茂

助理编辑：黄欣颖

科技金融：起源、措施与发展逻辑（上）

郑南磊[①]

【摘要】科技金融泛指服务于科技创新及产业化过程的金融政策、金融工具、金融机构、金融市场和金融技术，其核心是"科技型企业全生命周期金融服务链"。本文考察了我国科技金融发展历史和当前主要业务情况，认为我国科技金融体系已总体完成银证保等主要业务模块建设，初步解决了科技型企业的载体、政府、金融和第三方服务可得性问题，并已具备专业化经营并商业化盈利的基础条件。下一阶段的发展重点应是立足企业体验，充分运用金融科技，建立起各类型科技金融主体之间的信息对接接口和业务协作平台，并以业务协作促制度磨合，不断提高整体服务效率。

【关键词】科技金融　科技型企业　业务模式　服务效率

Sci – Tech Finance：The Origin，Measures and its Growth Logic

Zheng Nanlei

Abstract：Sci – Tech Finance refers to the financial policies，financial tools，financial institutions，financial markets and financial technologies that are embedded in the technological innovation and the industrialization process. The core mission is to construct a complete financial service chain to support the hi – tech enterprises during their full life cycle. This article considers that many innovations have taken place，and the modular construction of major Sci – Tech Finance's sectors，such as Banking，Securities and

---

① 【作者简介】郑南磊（1978—），男，海南海口人，深圳证券交易所综合研究所副主任研究员。

Insurance, has elementarily completed. The Chinese Sci – Tech Finance system has resolved service availability problem and been ready for professional management and commercial profitability. The strategic priority in the next phase is about how to resolve asymmetric information problem and improve the co – operating efficiency by utilizing financial technology, furthermore to adjust policies by creating more opportunities.

Keywords：Sci – Tech Finance　Hi – Tech Enterprise　Business Model　Service Efficiency

导言：科技与金融的中国化结合

20 世纪 80 年代改革开放初期，我国面临科技投入不足、投入结构不合理、科技成果转化率低等问题。以被广泛引用的三组数据为例：

第一，科技投入方面，1984 年，美国的科技总支出为 833 亿美元，日本为 288 亿美元，苏联为 284 亿美元，我国仅为 82.5 亿元（科技与金融结合课题组，1987）。

第二，投入结构方面，通常认为，科研阶段、成果转化阶段、大规模生产阶段所需资金的比例大致为 1∶10∶100（沈阳课题组，1995；邓天佐，2012），但在我国 1987—1991 年五年中，科研阶段与成果转化阶段的投入比仅为 1∶0.94，在科技成果转化为生产力环节的投入严重不足（程振登，1994）。

第三，科技成果转化率方面，"七五"期间，省部级以上的科研成果累计达 11 万多项，但真正能够大面积、大范围、跨地区推广运用的只有 15% 左右，国家专利局批准的 51133 件专利的实施率仅 30%（张之曙、汪其昌，1992）。

科技投入不足、投入结构不合理、科技成果转化率低等问题，让科学技术应有的第一生产力作用难以发挥①。为推动科学技术在经济建设中发挥更大的作用，推动科技与金融相结合成为当时的重要思路。原因有三：一是引入金融资金可以弥补

---

① 科学技术是生产力，这是马克思主义历来的观点。邓小平早在 1975 年主持各条战线的整顿时，就指导起草了《关于中国科学院工作的汇报提纲》，针对"文革"中对经济和科技的破坏，以马克思"生产力中包括科学"的论述为依据，指出科学技术是生产力。1977 年邓小平复出后立即提出，实现现代化关键是科学技术要能上去。1978 年在全国科学大会上，他重申"科学技术是生产力"这个马克思主义论点，并指出："现代科学技术正在经历着一场伟大的革命。近 30 年来，现代科学技术不只是在个别的科学理论上、个别的生产技术上获得了发展，也不只是有了一般意义上的进步和改革，而是几乎各门科学技术领域都发生了深刻的变化，出现了新的飞跃，产生了并且正在继续产生一系列新兴科学技术。现代科学为生产技术的进步开辟道路，决定它的发展方向。" 1988 年邓小平在同捷克斯洛伐克总统胡萨克谈话时进一步提出"科学技术是第一生产力"的论断（周昌发，2011）。

财政拨款的不足，加大科技总投入；二是金融资金有还本付息和回报要求，可强化科技体系的资金使用责任，促使科技研发同经济建设更紧密结合；三是我国金融体系（主要是银行体系）当时也面临企业技术水平低、产品积压严重、贷款回收困难的问题，需促使企业通过科技创新提高经济效益，否则将陷入"（企业）生产—（企业）积压—（企业）再生产—（企业）再积压、无力还贷—（银行）被迫追加贷款—（银行）贷款滞涨①—（企业）再贷款—（银行）再滞涨"的恶性循环（李飞，1995）。

在实践中，推动科技与金融相结合的各种工作，逐渐被表述为"科技金融"。"科技金融"作为一个专门词汇，最早出现于《科学管理研究》1988 年 8 月刊登的《对建立科技金融市场的构想》（马希良、刘弟久，1988），该文对风险投资、科技贷款、科技保险均有所提及，对发展科技银行也有了初步的构想。此后，中国科技金融促进会于 1992 年成立。1993 年，深圳市科技局在《特区经济》发表《科技金融携手合作扶持高新技术企业》，通常认为这是政府部门首次正式采用"科技金融"这一表述，尽管该文中的"科技金融"一词主要是"科技与金融"的缩写。同年，《中华人民共和国科学技术进步法》通过②，这是我国第一部科学技术领域的基本法，"科技金融"也作为一个专门词汇在其中出现（李心丹、束兰根，2013）。

从1988年算起，"科技金融"在我国的提出已经 20 多年。科技金融的工作目标是较明确的。从较低要求来看，是要为科技创新型企业提供必需的金融服务，核心是解决融资难问题。从较高要求来看，是要借助金融创新，用市场化手段，带动各类生产要素向科技创新聚集，让科技创新成为具有比较优势的发展模式，为我国经济社会的转型升级提供源源不断的内生动力。伴随着经济社会的日益市场化和金融体系的不断发展完善，我国科技金融已从最初的科技贷款发展成为囊括载体、PE/VC、资本市场、银行、保险、租赁、信托、互联网金融、第三方服务以及相应的政府配套政策在内的、较完备的体系，已基本具备为科技创新型企业提供必需金融服务的能力，基本形成了积极服务科技创新的氛围，总体上达到了较低要求。

当前，十八大做出了实施创新驱动发展战略的重大部署，强调科技创新是提高社会生产力和综合国力的战略支撑，必须摆在国家发展全局的核心位置。习近平总书记把实施创新驱动发展战略提到决定中国民族前途命运的高度，指出没有强大的

---

① 该处"滞涨"指在企业微利甚至亏损的情况下，对其银行贷款量却不断上涨。
② 《中华人民共和国科学技术进步法》1993 年 7 月 2 日第八届全国人民代表大会常务委员会第二次会议通过，2007 年 12 月 29 日第十届全国人民代表大会常务委员会第三十一次会议修订。

科技，中国梦这篇大文章也难以顺利地写下去，我们也难以从大国走向强国。为积极主动地服务创新驱动发展战略和大众创业、万众创新，科技金融不能满足于达到较低要求，需进一步探索如何达到较高要求，通过金融创新促进科技创新成为我国具有比较优势的发展模式。

站在新的起点，面对新的使命，有必要去总结科技金融已经做了什么、做对了什么、成败得失经验是什么，科技金融体系内在的运作机理和发展逻辑是什么，下一步的发展重点和发展范式是什么，以找对方向、达成共识、更好地前进。这就是本研究的目标。

一、科技金融简介

在实践层面，目前，科技金融广义上泛指服务于科技创新及产业化过程的金融政策、金融工具、金融机构、金融市场和金融技术，是一个客户导向、应用导向的工作概念，内涵较丰富，外延较宽泛。由此，也不容易从学术角度对广义的科技金融下一个内涵明确、外延清晰的定义。狭义上，科技型中小企业和原始创新型企业是公认的科技金融核心服务对象，科技金融的狭义外延即"科技创新型企业全生命周期金融服务链"。本文采用科技金融的狭义外延。

（一）科技金融的四层含义

科技金融不仅跨科技、金融两大体系，第三方服务（评估、担保、信用信息等）的协同发展程度，各级、各政府部门的政策引导和资金支持力度也都对科技金融的发展有重要影响。影响因素和利益相关者众多，让科技金融演变为一个包罗万象的综合体系。目前，科技金融在广义上至少包含四层含义。

第一，对科技体系的融资及相关的金融服务（如评估、担保等）。科技体系包括科技创新型企业、科研院所、高校、孵化器、高新区等多类企事业单位，需要融资和金融服务的环节包括基础设施建设（园区、实验室等）、应用研究、成果转化、技术转移、中试、规模化生产等。解决科技型中小企业融资难问题是其中的核心任务。

第二，政府推动科技与金融相结合的相关政策措施。这既包括设立投资引导基金、产业发展基金、直接融资费用补贴基金、贷款贴息和风险补偿基金、担保基金等资金投入，也包括建设企业信用信息平台、投融资对接平台、综合产权交易平台、组织企业评优、组织企业路演等平台建设和专项服务。

第三，科技金融成为一个专门的金融子行业。例如，开发专门针对科技创新的金融产品，成立专门服务于科技体系的金融机构和第三方服务机构，等等。金融同时具备服务属性和产业属性，前述第一、第二层含义较强调科技金融的服务属性，该层含义较强调科技金融的产业属性。一些学者认为，除美国以外，德国、日本和韩国都设有专门投资科技的政策性金融机构，或者是在已有政策性金融机构的基础上更加注重科技创新方面的投资，特别是德国复兴信贷银行同时接受财政部和科技部的监管，有利于其更好地支持科技进步（明明，2013）。我国在实践中出现了科技信用社、科技银行、高新技术产业基金等较专门的科技金融机构，知识产权信托、技术投资基金等也正在探索推出。

第四，通过科技手段促进金融业自身的发展进步，例如电子银行、互联网金融、基于大数据的信用评级和金融产品开发等。进一步运用科技手段，尤其是互联网、大数据和物联网技术，提高金融体系服务科技创新的能力，是科技金融重要的发展方向。

（二）　科技金融的多种定义

由于科技金融涉及的层面较多，要对科技金融下一个外延明确的定义颇有难度。例如，赵昌文、陈春发和唐英凯（2009）提出的科技金融定义是目前较权威的定义，他们认为"科技金融是促进科技开发、成果转化和高新技术产业发展的一系列金融工具、金融制度、金融政策与金融服务的系统性、创新性安排，是由为科学与技术创新活动提供金融资源的政府、企业、市场、社会中介机构等各种主体及其在科技创新融资过程中的行为活动共同组成的一个体系，是国家科技创新体系和金融体系的重要组成部分"。该科技金融定义的外延就较为宽泛。

不同的文件和文献也分别从侧总政府行为、侧重科技行为或侧重金融行为的角度，分别提出科技金融定义，引用如下。

科技金融是指通过创新财政科技投入方式，引导和促进银行业、证券业、保险业金融机构及创业投资等各类资本，创新金融产品，改进服务模式，搭建服务平台，实现科技创新链条与金融资本链条的有机结合，为初创期到成熟期各发展阶段的科技企业提供融资支持和金融服务的一系列政策和制度的系统安排（国家"十二五"科学和技术发展规划重要指标和名词解释中对"科技金融"的解释）。

房汉廷（2010）认为，科技金融的事权是科技创新工作，科技金融的财权是政府投入对金融资本的引导，所以科技金融工作的主旨自然是科技工作，并由此归纳了科技金融的4个本质特点：（1）是一种创新活动，即科学知识和技术发明被企业家转化为商业活动的融资行为总和；（2）是一种技术——经济范式，即技术革命是新经济模式的引擎，金融是新经济模式的燃料，二者合起来就是新经济模式的动力所在；（3）是一种科学技术资本化过程，即科学技术被金融资本孵化为一种财富创造工具的过程；（4）是一种金融资本有机构成提高的过程，即同质化的金融资本通过科学技术异质化的配置，获取高附加回报的过程。

汪泉、史先诚（2013）则认为科技金融实践属于金融活动而不是科技活动，并将科技金融定义为：科技金融是以促进科技创新活动为目的，以组织运用金融资本和社会资本投入科技型企业为核心，以定向性、融资性、市场性和商业可持续性为特点的金融活动总称。

李心丹、束兰根（2013）提出"科技金融是金融资源供给者依托政府科技与金融结合的创新平台，通过对创投、保险、证券、担保及其他金融机构主体等在内的金融资源进行全方位的整合创新，为科技型企业提供贯穿整个生命周期的创新性、高效性、系统性的金融资源配置、金融产品设计和金融服务安排，以达到科技型企业对金融资源或资本需求的内生性优化，进而保障企业技术革新有效提升并推动整个高新技术产业链加速发展的一种金融业态"。

（三）　发展目标和核心服务对象

科技金融的内涵和外延十分丰富，甚至可称为"杂乱"。但发展科技金融的目标很清晰。科技金融要服从和服务于"打通科技创新和经济社会发展之间的通道"的大目标，而由于企业是科技创新的主体，在该大目标下，科技金融体系要协助企业"打通科技成果转化为现实生产力的通道"，协助金融资源提供者"打通将科学技术孵化为财富创造工具的通道"。

在各类科技型企业中，科技型中小企业和原始创新型企业是公认的科技金融体系核心服务对象。当前，新一轮科技革命和产业变革正与我国加快转变经济发展方式形成历史性交汇，十八大作出了实施创新驱动发展战略的重大部署，将科技型中小企业和原始创新型企业（为行文简洁，后文统一用"科技创新型企业"指代"科技型中小企业和原始创新型企业"，需特别突出企业规模时，使用"科技型中小企业"）作为科技金融体系的核心服务对象，意义更加重大。

过去三十多年，我国发展主要靠引进上次工业革命的成果，基本是引进、消化并本土化改造国外技术，早期是二手技术，后期是同步技术，自主创新特别是原始创新能力不强是我国科技以及经济体系的薄弱点。本轮科技和产业革命，我国和世界主要国家大致处于同一起跑线，没有现成的技术路线和商业模式可参考，迫切的任务是要加强自主创新、扩大探索范围，力争实现原始创新，占据新兴产业领导地位。而应对技术路线和商业模式变化正是中小企业的独特优势所在。唯有大范围发展科技型中小企业，广泛建立大中小企业的科技创新与产业应用协作网络，才能快速动员并不断重新组合各类创新要素，全面探索新兴产业各条技术路线，率先开发新兴产业多个潜在增长点，通过市场筛选把新兴产业培育起来。

创新驱动发展战略对科技金融提出了更高的要求。在要素驱动发展时期，科技金融体系要做的，是解决科技创新型企业金融服务，尤其是融资服务的可得性问题，并推动解决其公共服务和第三方服务可得性问题，让科技创新能进行下去。而要实施创新驱动发展战略，科技金融不能止步于服务可得、科技创新能进行，而要服务更及时、更全面、成本更低、覆盖面更广，要从金融的角度推动科技创新，而不是要素投入成为企业更偏好的成长模式，既要服务好量大面广的科技型中小企业，充分发挥它们应对技术路线和商业模式变化的独特优势，也要支持本国优势企业跨越式发展，争夺全球产业领导地位。科技金融体系如何升级，以达到更高的要求，是迫切需要研究的问题。

二、科技金融基本特点及发展理念演变

（一）科技金融业务7个基本特点

客户的特点决定金融体系的特点。科技创新型企业通常指处于高新技术领域或运用高新技术改造传统产业，持续进行研发投入，拥有自主知识产权和较强的自主创新能力，收入或营业利润主要来自核心技术产品的企业[①]。其中规模较小、发展面临较强的资源约束的，即科技型中小企业[②]。解决科技型中小企业融资难问题是公认的科技金融核心任务，从科技型中小企业的资金需求和资信特点出发，可以把握科技金融的基本特点。本文认为，从业务角度，科技金融有如下7个特点。

1. 融资需求时效性强

在当今全球化时代，科技资讯高度丰富、科技人才和生产资料快速流动、产业配套便利可得，技术传播、模仿和扩散速度越来越快，技术生命周期越来越短。特定技术需在领先优势尚存的时期内迅速获得融资，迅速进入市场，及时获取用户反

---

① 郑南磊. 制定科技创新企业定义及财务准入标准的初步分析［J］. 深交所研究简报，2014（6）.

② 2013年12月，科技部火炬中心依据《中华人民共和国科学技术进步法》和《中华人民共和国中小企业促进法》，参照《科学技术部、财政部关于科技型中小企业技术创新基金的暂行规定》，建议将科技型中小企业界定为符合下述6项标准的企业：（1）在中华人民共和国境内工商行政管理机关依法登记注册，具备法人资格的企业，具有健全的财务管理制度；（2）主要从事高新技术产品的研制、开发、生产或者服务业务；（3）职工人数原则上不超过500人；（4）全年销售收入在3亿元以下或资产总额在3亿元以下；（5）具有大学以上学历的科技人员占职工总数的比例不低于30%，或直接从事研究开发的科技人员占职工总数的比例不低于10%；（6）近三年每年用于高新技术产品研究开发的经费不低于当年销售额的3%。本文暂不从定量角度给出科技型中小企业的定义。

馈、不断改进并赢得用户黏度，否则将很快被淘汰。因此，科技创新型企业资金需求的时效性很强，对科技金融体系的响应速度要求较高。

2. 融资需求量阶段递增

如前所述，从融资额上看，科研阶段、成果转化阶段、大规模生产阶段所需资金的比例大致为1∶10∶100。经济增长由要素投入驱动转向创新驱动，可以相对节省实物资源和环境资源，但不能节省资金投入。与传统产业相比，高新技术产业对自然资源和低端劳动力的依赖程度较低，对金融服务和知识型工作者依赖程度则较高。

3. 投融资双方间信息不对称

信息披露程度是科技金融最难把握的度：披露过多，企业（或创业团队）技术详情和商业秘密过多暴露，被模仿或侵权的可能性就很大，事实上已大幅丧失谈判筹码；披露过少，投资者又无从判断项目质量①。在缓解投融资双方信息不对称上，关系型融资原本是一种重要的解决方案。可就较纯粹的科技创新型企业而言，成立之初的头几年是其融资活动的关键年份，但这几年的时间通常还不足以和银行等金融机构建立起关系型融资。此外，科技创新的前期投入主要是货币资金、专用设备、无形资产和人力，不能形成有效的抵质押能力，也难以通过抵质押来缓解投融资双方的信息不对称和风险分担问题。

4. 需要大量的第三方服务支持

由于科技金融投融资双方间信息不对称，而科技创新型企业（或创业团队）又通常缺少有效的抵质押能力，评估、担保、公证等第三方服务就十分必要。能否建立一个专业化、有公信力的第三方服务体系，是科技金融能否获得突破性发展的关键。

5. 收益波动较大

一项科技创新从实验室到市场，连续击败众多竞争性创新，最终成为主流范式，获得大市场份额和超额利润，是一个小概率事件。一项科技创新最终能走到哪一步很难预测，对科技创新的投资是实实在在的"风险投资"，收益的波动是较高的。但在行政性垄断、资源垄断、规模经济领域已经越来越少的情况下，科技创新却始终能提供建立新竞争优势、形成新增长点的机会，其潜在的高收益仍有可能吸引到金融资本。

---

① 超越单个项目层面，从国家整体来看，胡晓鹏（2007）认为，自20世纪90年代以来，在ICT技术（信息通信技术）和经济全球化的作用下，带有可编码性质的生产技术逐步丧失了决定国家竞争优势高低的能力，取而代之的是那些无法完全编码的知识，比如经验、直觉、技术诀窍等（即know how型知识），这些知识的创新能力和应用能力将成为国家创新体系的核心内容。显然，无法完全编码的知识会导致更大的信息不对称，科技金融体系的信息披露问题需要探索更新的解决方案。

6. 制定个性化投融资协议是科技金融核心的金融技术

科技创新型企业普遍缺少厂房、机器设备、存货、车辆、有价证券、货币资金等传统抵质押品，其主要信用资源包括：（1）商标、专利、著作权等知识产权；（2）股权（及其期权）、应收账款、政府专项基金、退税等法定权益和合同权益；（3）担保公司、关联合作的上下游企业等第三方的担保；（4）企业间的联保和互保；（5）创业团队和核心员工的个人承诺保证；等等。

科技创新型企业信用资源的特点，决定了科技金融体系难以采用传统的、基于抵押担保的风险厌恶型金融技术，而必须采用基于风险共担、利益共享的风险中性型金融技术。需充分运用现有法律法规和相关政策，结合特定企业的信用资源特点，设计出个性化投融资协议。较常见的投融资协议如：担保加投资协议；担保约定分红协议；股权期权协议；企业关键人物信用保证；产权证不完备资产的可回购预转让协议；传统信用资源的登记公证抵质押合同；以及其他针对反担保特点的协议；等等（广汇科技投资担保股份有限公司，2009）。

7. 同时需要商业性金融和政策性金融服务

科技创新的时效性、高不确定性以及信息不对称性，为逆向选择和道德风险提供了温床。为此，科技金融体系必须市场化运行，从业者要自主、快速做出大量业务判断，承担相应的风险责任并获得相应的超额报酬，以避免逆向选择和道德风险问题的过度盛行。

但科技金融实际上离不开政府的支持。第一，现代科技创新通常是以科学新发现为源头的创新，涉及基础研究、产学研相结合等多个环节，科技创新路线常常超出单个企业的管理范围，需要动员多个投入主体，因此政府的组织协调和制度建设工作必不可少。第二，面对全球激烈的研发竞争，一方面企业从事科技创新的最终收益更加无法保证，但另一方面科技创新对保持、提高国民经济国际竞争力的意义也更加重大，正外部性更突出。为此，在商业性金融之外，政府需要进行必要的资金投入和服务支持，分担企业创新成本，提高创新成功概率，引导更多的市场化资源加入科技创新。政府定位和政府行为在科技金融体系建设中发挥着重要作用。

上述科技金融 7 个基本特点决定了任何单一金融业务、单一金融机构都不足以独力承担科技金融的重任，科技金融终将发展成一个市场化为主、政策性为辅的综合金融服务体系。并且科技金融体系大概率上将内嵌于主流金融体系之中，因为在主流金融体系之外再建设一个综合金融服务体系的成本过高。我国科技金融发展历程基本验证了这一判断。

（二）我国科技金融发展：从科技贷款到综合金融服务体系

在科技金融发展上，我国总体上经历了科技贷款成为突破口、创业投资和资本市场逐步成为重要力量、建立综合金融服务体系3个阶段。

20世纪80年代至90年代中期，我国金融体系以国有专业银行为主体，因此科技金融最初的发展诉求是发展科技贷款，如扩大科技贷款规模，将科技贷款在国家信贷计划中单列等。中国人民银行1990年开始在国家信贷综合计划中增设科技开发贷款项目，主要用于支持国家级科技开发计划和地方各级科技计划的成果转化。截至1995年底，五大国有银行累计发放科技贷款近650亿元，共支持了65000多个科技开发项目。

该阶段除国有银行发挥主渠道作用外，一批组织形式多样、资本来源多元的非银行科技金融机构也相继成立。据不完全统计，到1995年底，省市级科技信用社、科技信托投资公司已发展到29家，注册资金总额达7.65亿元，累计融资额达49亿元，发放科技贷款40.9亿元，支持了2034个科技项目；开办了科技风险投资机构7个，累计投资3.9亿元，支持了249个科技项目。此外，经有关部门批准，先后为352个项目发行了科技债券，筹集资金28.25亿元（齐让，1996）。

1993年12月，随着《国务院关于金融体制改革的决定》的颁布，我国金融体系加快了市场化改革与全体系发展的步伐。银行政策性业务和商业性业务分离，工、农、中、建四大国有银行逐步转变为自主经营、自担风险、自负盈亏、自我约束的现代商业银行。而随着企业股份制改造和上市的推进，资本市场也不断发展壮大。金融体系的演变，意味着"政策倾斜"不再是科技与金融的主要结合纽带，"项目质量"和"财富效应"成为科技体系和金融体系最重要的利益一致点。

科技贷款方面，伴随着银行业进入"国有商业银行改革、防范和化解金融风险阶段"，也由于1990—1997年科技贷款在高速发展中风险大量累积，科技贷款发展进入调整期。科技开发贷款项目被取消，科技贷款的内涵发生了很大的调整，更多地指针对科技型中小企业的贷款。商业银行对科技贷款的支持力度有所减弱，政策性银行（主要是国家开发银行）对科技贷款的支持力度增强（朱鸿鸣，赵昌文，付剑峰，2012）。然而，商业化的创业投资（又称"风险投资"，本文在相同意义上使用"创业投资"和"风险投资"两词）和多层次资本市场却悄然崛起，逐步发展为科技金融重要力量。

发展创业投资早在1985年就已提出，与科技贷款大致同期，但创业投资的大规模商业化发展要到20世纪90年代后期才开始。1985年《关于科学技术体制改革的决定》指出："对于变化迅速、风险较大的高科技开发工作，可以设立创业投资给予支持。"同年，经国务院批准，国家科委、财政部共同出资成立了"中国新技术风险投资公司"，该公司是中国第一个股份制的、以从事创业投资为目的的全国性金融机构①。1996年，《中华人民共和国促进科技成果转化法》第21条规定："国家财政用于科学技术、固定资产投资和技术改造的经费，应当有一定比例用于科技成果转化。科技成果转化的国家财政经费，主要用于科技成果转化的引导资金、贷款贴息、补助资金和风险投资以及其他促进科技成果转化的资金用途。"第24条中规定："国家鼓励设立科技成果转化基金或者风险基金，其资金来源由国家、地方、企业、事业单位以及其他组织或者个人提供，用于支持高投入、高风险、高产出的科技成果的转化，加速重大科技成果的产业化。"这是我国首次将风险投资写入法律条款，但仍强调促进科技发展的政策目的。1998年，全国政协九届一次会议召开，民建中央提出"关于尽快发展中国风险投资事业的提案"，引起较大的社会反响。1999年，国务院办公厅以国发办〔1999〕105号文件转发科技部、证监会等7部门提出的《关于建立中国风险投资机制的若干意见》，指出："风险投资（又称创业投资）是指向主要属于科技型的高成长性创业企业提供股权资本，并为其提供经营管理和咨询服务，以期在被投资企业发展成熟后，通过股权转让获取中长期资本增值收益的投资行为。"这标志着中国风险投资步入商业化大规模发展的新阶段。

在我国金融市场化和全体系发展的同期，大约在2000年前后，国家创新体系理论以及更具微观可操作性的区域创新理论和部门创新理论被逐渐引入我国。创新体系理论认为企业创新能力是国家、区域、行业创新能力的最终体现，而企业、高校、科研机构、金融机构、政府部门等创新相关主体之间的良好互动，是创新获得系统性成功的要诀。之于科技金融，这意味着任一金融产品或金融机构都无力承担为科技创新型企业提供全生命周期服务的重任，需要整合证券、银行、保险、担保、租赁、信托、评估、审计等整个金融和第三方服务体系的力量，并且要与财税政策、产业政策、地方经济政策、社会政策相互配合，才能有效地推进科技创新及其产业化。1999年8月，《中共中央、国务院关于加强技术创新、发展高科技、实现产业化的决定》明确提出"促进企业成为技术创新的主体，全面提高企业技术创新能力……完善科技立法，加强国家创新体系建设，加强协作。各地区、各部门要进一步强化全局观念和法制观念，从经济、科技、教育和管理等各方面全方位加快技术创新和发展高科技，实现产业化进程。"

之后，2004年，科技部火炬中心、国家开发银行、深圳证券交易所三家单位牵头，联合中国高新技术产业开发区协会创业中心专业委员会、中国科技金融促进会风险投资专家委员会等机构，合作推出"科技型中小企业成长路线图计划"（简称"路线图计划1.0"），力图建立一个针对科技型中小企业不同成长阶段特点，由各政

---

① 后于1998年6月被中国人民银行责令停业关闭。

府部门、金融机构和中介服务机构相互配套合作，共同提供分阶段、差异化服务的联合机制。2006 年国务院颁布了《国家中长期科学和技术发展规划纲要（2006—2020 年）》，提出鼓励企业成为技术创新的主体，建立企业为主体、产学研结合的技术创新体系，促进全社会科技资源高效配置和综合集成；实施激励企业技术创新的财税政策，实施促进创新创业的金融政策，建立多元化、多渠道的科技投入体系；搭建多种形式的科技金融合作平台，政府引导各类金融机构和民间资金参与科技开发，鼓励金融机构改善和加强对高新技术企业，特别是对科技型中小企业的金融服务。2011 年，科技部、财政部等 8 部门联合发布《关于促进科技和金融结合加快实施自主创新战略的若干意见》，综合提出了创新财政科技投入方式与机制、培育和发展创业投资、引导银行业金融机构加大对科技型中小企业的信贷支持、大力发展多层次资本市场、积极推动科技保险发展、建立有利于科技成果转化和自主创新的激励机制、加强科技金融中介服务体系建设等措施。可以说，财税金融政策紧密协同、积极整合社会各方力量、共同建设综合金融服务体系，已成为我国科技金融发展的主流理念。

（三） 本文研究范围及研究问题

从 20 世纪 80 年代科技贷款开始，直至当前的综合金融服务体系建设，科技金融已在实践中逐渐发展成业务多样、利益相关者众多的综合体系。鉴于科技型中小企业和原始创新型企业始终是公认的科技金融核心服务对象，本文将研究范围设定为"科技创新型企业全生命周期金融服务链"。而由于商业性金融已是我国金融体系的主体，本文重点研究服务链中的商业性金融服务。本文并未覆盖科技体系的全部资金获取途径（见图 1），遗漏之处将另文阐述。

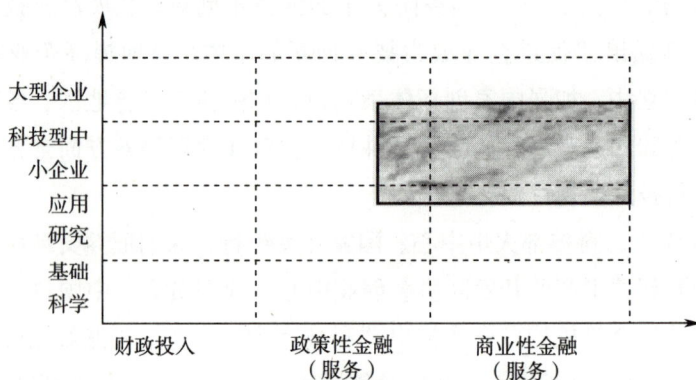

资料来源：作者整理。

图 1　本文研究范围示意（阴影部分）

鉴于科技金融是一个源于实践需要，立足现实条件，高度应用导向、客户导向的领域，本文重点关注科技金融下述 3 个实践问题。

第一，如何动员金融资源投入科技创新及其成果产业化？这是科技金融至今的核心问题。市场经济条件下，动员金融资源不应简单地理解为如何从金融体系融到资，而应理解为如何找到科技体系与金融体系的利益一致点，并通过更好的产品、服务和机制设计，提高科技资金使用效率，以更优的风险回报来吸引金融资源。鉴于科技金融首先是一项实践工作，实践工作需要抓手，而各种机构是现实的工作抓手，本文从机构视角出发，分别总结银行、证券、保险等机构如何开展科技金融工作，服务科技创新。

第二，科技金融如何进行风险管理？准确理解风险，并能同时从系统角度和特定业务角度管理好风险，是任何一种金融业态可持续发展的基础，科技金融也不例外。仅简单地指出科技金融具有收益高波动的特点是远远不够的。科技体系的风险有哪些具体体现？哪些风险是可保风险？风险管理措施有哪些？风险分担机制如何建立？这些问题都需要具体研究。本文在介绍各类科技金融产品和服务时，将尽可能相应地介绍其中的风险管理方法，并专列一节介绍科技保险的发展。

第三，政府在推动科技与金融相结合中应如何发挥作用？在直接参与方面，政府集科技金融需求者、供给者和科技金融中介于一身。在间接参与方面，政府通过制定产业政策和建设国家创新体系，是科技金融市场的引导者和调控者。政府如何平衡自身各种角色、不缺位不越位地发挥好作用，是科技金融体系建设效果的重要影响因素。本文在介绍各类科技金融产品和服务时，如其中涉及政府作用，将尽可能相应介绍，并将专辟一小节总结政府部门的科技金融相关工作。

立足于实践问题，科技金融也有一系列理论问题需要厘清。包括：（1）科技与金融的结合点有哪些？这些结合点如何生成、如何演变，并进而决定科技金融体系的发展方向？（2）科技主管部门与金融主管部门各自的协调责任是什么？谁应承担主要的协调职责？较适用于指导政府科技金融工作的基础理论是什么？（3）是否需要专门的科技金融机构，还是科技金融应内嵌于主流金融机构中，成为其一部分业务？本文将各辟一小节对上述理论问题进行初步分析。在对科技金融实践工作和理论问题进行初步分析总结后，本文还将讨论证券交易所可如何进一步参与和推动科技金融工作。

三、银行体系

（一） 加杠杆的基础渠道

在债券市场获得长足发展之前，银行是科技创新型企业负债筹资的基础渠道，是科技体系加杠杆的基础渠道。尽管不少人士认为高新技术产业竞争激烈，是典型的高风险高收益领域，更适合股权融资。但调研发现，大批科技型中小企业事实上得不到 PE/VC 的青睐，负债筹资是其外部筹资主渠道。此外，合理负债筹资，利用财务杠杆增加股东收益，也能提高科技创新型企业对权益资本的吸引力。因此，大多数情况下，科技创新型企业不可能也不应该完全通过权益类筹资——包括股东自筹、利润留成、引入 VC/PE、定向增发、公开上市等——获得发展所需的全部资金，而必须考虑权益筹资和负债筹资的平衡。

并且近年银行的科技金融业务范围已超出贷款。在我国，银行客户覆盖范围最广、融资能力最强、客户资金使用监控能力最强，风险承担能力可能也最强（但风险承担意愿未必很强）。这些优势使得银行有条件去整合券商、VC/PE、产业基金等其他金融机构以及评估、担保、会计、法律等第三方服务机构的科技金融业务，共同为科技体系提供"一站式"综合金融服务。后文将举例说明招商银行等多家银行已尝试系统集成各项科技金融服务，从贷款人向融资组织者转型，逐步走出一条中国式综合金融之路。

当然，银行目前在科技金融领域也有其弱点。包括（但不限于）：（1）银行仍不是全能银行，自身不能直接从事权益融资，只能间接从事权益融资；（2）银行体系仍由大银行主导，小银行、社区银行的发展刚刚起步，没有多层次银行体系，对创业团队以及中小微企业的服务就缺少组织基础①；（3）在利率未完全市场化、基础存贷差仍较大的情况下，银行主动承担风险的动力会被削弱，而要深入服务科技创新型企业，必须有较强的主动承担风险意识，进而发展出相应的专业能力。在这些约束条件下，银行要全方位服务好科技体系，并获得较优的风险收益回报，需解决好以下 3 个问题。

第一，如何扩大贷款抵（质）押品范围，充分利用科技创新型企业的信用资源，扩大客户基础？

第二，如何通过投贷联动等措施，积极发展综合金融，多渠道分享科技创新型

---

① 各大银行数量巨大的分支行一定程度上也能发挥中小银行的功能。

企业的成长收益？

第三，如何提高服务科技创新型企业的专业能力，提高科技金融业务成功率？

（二）引入外部增信，接受更多类型抵（质）押和担保

科技贷款是科技金融传统业务。众所周知，叙作贷款时，贷款利率或利率浮动方式通常已在合同中约定，银行不能像股东一样分享企业的成长收益[①]，但若企业经营失败，银行却需承担本金和利息损失风险。因此银行在服务风险较大的科技创新型企业时，就贷款条件而言，需设法提高贷款利率或增加抵质押和担保覆盖。[②]

然而单纯提高贷款利率一来不符合支持科技创新的政策初衷，更重要的是会恶化逆向选择问题。大概率上，随着贷款利率上涨，剩下来敢于继续申请贷款的将是风险更大的企业。即使企业愿意接受更高的贷款利率，该行为也往往被视为企业有问题的信号，较谨慎的银行通常不会放贷。研究表明，即使在利率市场化的国家，银行利差水平也集中在 2% ~3%，利差系统性上涨的空间是有限的。利差的隐形上限说明，不是贷款的操作成本限制了银行贷款流向科技型中小企业，成本可以通过提高利率来弥补，而是银行风险管理能力不足阻碍了其对科技型中小企业的融资，即银行的风险管理能力及债务合约的特点难以克服利率与风险交替上升的恶性循环（熊波，2005）。因此，科技贷款条件的突破点在于如何扩大抵质押和担保覆盖。常用的方法包括：（1）充分利用企业自身信用资源，典型如知识产权质押和股权质押；（2）引入第三方、第四方的智力和资本进行增信；（3）让更具信息优势第三方参与贷款客户甄别；等等。

1. 利用企业自身信用资源：以知识产权质押和股权质押贷款为例

知识产权和股权[③]是科技创新型企业自有的信用资源，若能被银行接受，无疑能大幅提高科技创新型企业的贷款可得性，因此知识产权和股权质押贷款较被各界推崇，认为是科技贷款的突破点。据中国政府网披露，从 2008 年开展知识产权质押融资试点工作以来，专利权质押金额累计达到 638 亿元，年均增长 112%。2013 年全年专利权质押金额达 254 亿元人民币，比上年增长 80%。

推广知识产权和股权质押贷款的根本困难在于，企业股权及其核心知识产权的价值与企业的经营状况高度正相关。企业经营良好，其股权和核心知识产权也有价

---

① 当然，企业成长后，银行也可以从其更大的贷款、存款、结算、理财业务量中，分享企业的成长收益。

② 在贷款条件之外，可行措施还包括：（1）提高企业辨识能力，减少贷款违约率；（2）发展多种业务，多渠道分享企业成长收益。后文将详述。

③ 股权质押贷款通常也包括企业以其所拥有的其他企业的股权作为质押品的贷款。此情形中，实则是企业用自己的金融资产作为质押品，并不体现科技创新型企业的特征，故本文不讨论该情形。

值，但企业此时也有还本付息能力，质押不过是锦上添花。企业经营困难，就难以证明其股权和核心知识产权有现实价值，银行难以找到买主变现，质押难以发挥风险抵偿功能。因此，知识产权质押贷款和股权质押贷款能否大面积推广，关键在于能否建立起一个独立于银企双方、为科技创新型企业知识产权和股权提供估值和流转服务的系统。

最优的情况是建立起相关的知识产权和企业股权交易平台，通过市场对科技创新型企业的知识产权和股权进行估值和交易。这涉及大金融体系的建设，并非银行可独力推动。

次优的情况是引入比银行更了解科技创新型企业知识产权和股权价值的其他机构，以其智力和资本为科技创新型企业提供信用增级。在实践中，第三方和第四方的介入改变了传统的贷款模式，演化出多种新型科技贷款模式，如"评估＋担保"、桥隧模式、统借统还等。

2. 引入第三方增信：以连城"评估＋担保"为例

引入银企之外的第三方评估机构对企业知识产权进行评估，厘定知识产权的质押价值，是常见的知识产权质押贷款业务思路。贷款质押评估，实际上是对质押品未来变现价值的预测。评估结论正确与否，事后才能确认，在事前能做好的是：（1）评估者利益中立，不产生主观有偏；（2）评估者承担一定风险，迫使其不断提高专业技能。而传统的资产评估交易结构（如图2所示）无法做到这两点。

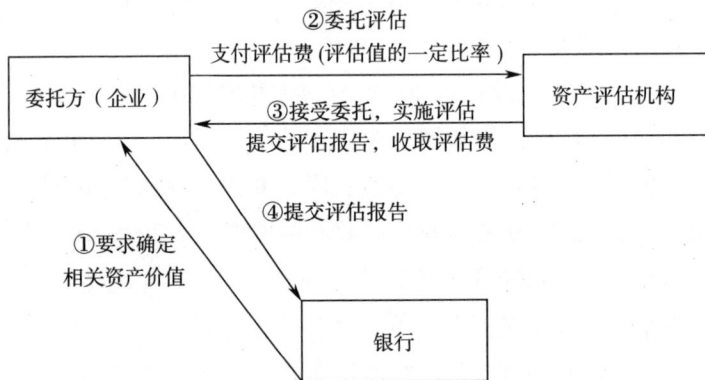

资料来源：朱鸿鸣（2012）。

图2　传统资产评估业务交易结构

传统的质押评估模式中，评估机构通常是直接受企业委托，并按评估值的一定比例收取评估费。评估机构与作为评估报告使用方的银行缺少直接业务联系，也基本不承担贷款违约风险。为维护好与企业（委托方）的关系，评估机构倾向对知识产权质押价值进行较乐观的评估，得到较高的评估值，提高企业（委托方）能获得的贷款额。理性的银行会预期到这一点，对其评估结果并不会真的采信。调研常发现，知识产权质押可能并非银行贷款决策的决定性影响因素，不少案例中是在银行已经认可企业第一还款能力或其他抵质押担保条件的情况下，拿知识产权质押来做一个"添头"，提高贷款审批通过的可能性。

连城资产评估有限公司（以下简称"连城"）对知识产权评估传统业务模式做了 3 点变革（见图 3）①：（1）以贷款额而非评估值作为收费基准；（2）不仅为委托方（企业）提供评估，还为其获得的贷款提供担保；（3）与银行签订战略合作协议，在连城"评估＋担保"业务模式中，与银行的关系和与企业的关系同等重要，甚至更加重要。

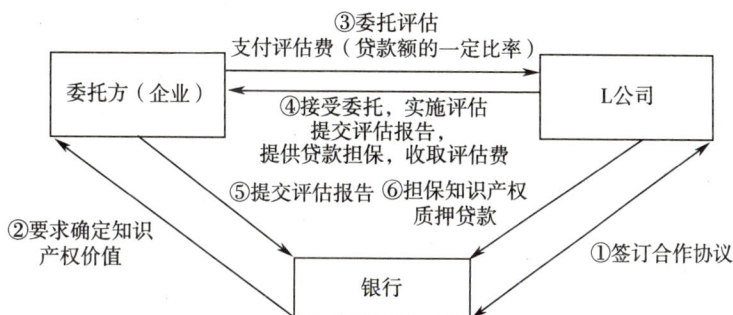

资料来源：朱鸿鸣（2012）。

图 3　连城知识产权质押评估业务交易结构

连城"评估＋担保"模式能较好地让评估机构做到利益中立并承担风险。以贷款额为收费基准，即意味着评估值过高或过低都不符合连城的利益。评估值过高，银行不认可、不贷款，连城根本收不到评估费；评估值过低，贷款额过少，收费过少，企业和连城的商业利益都不能满足。为贷款提供担保则不仅让连城承担了自己技艺不精、导致银行损失的风险，这种利益捆绑还将其与银行从一次性往来，升级为长期战略合作，并体现在双方的战略合作协议上。从商业模式的角度，连城知识产权质押"评估＋担保"模式属于"按效果收费"的商业模式，该新模式不仅可供评估业同行参考，也可为其他智力资本密集的第三方机构如何打开市场提供借鉴。

连城"评估＋担保"模式的弊端在于：（1）业务规模受限于评估机构的资本实力；（2）可能导致评估机构趋于保守，例如连城通常要求其评估的知识产权必须已投产使用 2 年以上，这意味着大部分创业未满两年但有强烈融资需求的科技型中小

---

① 对连城"评估＋担保"模式的描述参考了朱鸿鸣（2012）。

企业，无法借助连城的知识产权质押评估来获得知识产权质押贷款；（3）银行在贷款中不承担风险，不利于银行提高服务科技创新型企业的技能，不利于整个科技金融体系的协调发展，这种负面影响从长远来看不应小视。

3. 引入第四方增信：以中新力合"桥隧模式"为例①

引入银企之外其他方的智力和资本，对贷款进行增信，是银行常见的做法。常见的担保方包括专业担保公司（政策性、商业性）、保险公司（即小额贷款保证保险业务②，详见科技保险部分）、特定担保人（法人、自然人）、企业间互保联保等。浙江中新力合股份有限公司（以下简称"中新力合"③）则进一步引入了第四方增信。

第四方增信是指在传统担保的三方交易结构（见图4）中引入创业投资机构或上下游企业等（见图5）作为第四方。第四方以某种形式承诺，当企业无法按时偿付银行贷款时，第四方将以股权收购等形式进入企业，企业由此获得用于偿付银行债务的现金流。该模式被中新力合成为桥隧模式。桥隧模式一定程度上可视为事先设定了股权变现渠道的"担保＋企业股权质押"贷款。

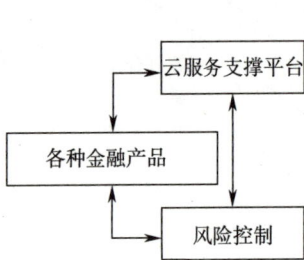

资料来源：付剑锋、邓天佐（2014）。

图4　传统担保模式

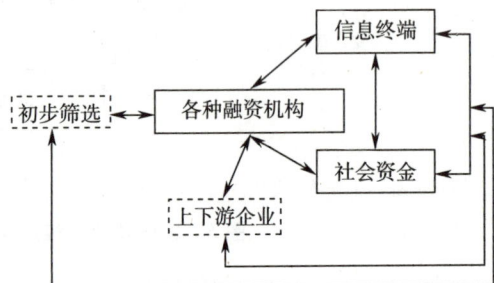

资料来源：付剑锋、邓天佐（2014）。

图5　桥隧模式

---

① 对中新力合桥隧模式的描述参考了付剑锋、邓天佐（2014）。

② 小额贷款保证保险的投保人是申请贷款的企业，被保险人是贷款银行。在保险期间内，如果贷款企业未履行与银行签订的《借款合同》约定的还款义务，贷款银行在根据《借款合同》、担保合同的约定和相关法律的规定向投保人主张《借款合同》的债权、向担保人行使并实现担保权后，对仍不足以清偿投保人的借款本金与借款利息的剩余部分，向保险公司提出索赔。

③ 中新力合成立于2004年5月，2006年8月正式运营，初始注册资本金为2000万元。2008年初，中新力合获得首轮外资注资，恩颐投资（New Enterprise Associates）和硅谷金融集团（SVB Financial Group）入股中新力合，并与其建立了战略合作伙伴关系。同期，中新力合的业务扩展至更多领域，主要向科技型中小企业提供担保、融资、理财和咨询等一体化投融资服务。截至2013年6月，中新力合注册资本金达4.5亿元，成为浙江省规模最大，以融资担保为主业的中外合资科技金融服务机构。中新力合累计为3500多家中小企业提供了逾154亿元融资资金，其中，净资产规模1000万元以下企业占比84%，户均融资规模300万元左右。除本小节介绍的"桥隧模式"外，中新力合还有"路衢模式"（针对小企业集合信托债权基金）及"云融资服务平台"等金融服务。

桥隧模式有利于实现四方共赢。（1）对企业，只要财务状况良好，便可以在不稀释股权的条件下融资；在无法偿还贷款本息面临清算时，第四方的介入有助于维持持续经营，尽可能保留企业价值。（2）对银行，既有助于在放贷前借助第四方（通常是 PE/VC 或贷款企业的上下游企业）的专业知识和相关信息筛选企业，又有利于在贷款违约时多一层还款来源。（3）对担保机构，既能借助第四方更好地进行客户筛选，又因企业贷款实际违约概率降低，其代偿风险相应降低。（4）对 PE/VC，与银行及担保公司的合作既有利于扩大企业接触面，减少客户搜寻成本，又使其可能以较低价格获得目标企业的股权；对上下游企业，在贷款企业正常经营情况下，有利于加强与贷款企业的合作，在贷款企业违约情况下，为其提供了一个低成本并购的机会。

当然，在企业处于财务困境时介入企业，对第四方的管理输出能力提出了更高的要求。此外，桥隧模式需要贷款企业与 PE/VC 或上下游企业达成协议，这就要求贷款企业所在地的金融生态较好，创业投资较为活跃；贷款企业也具备创业投资机构所要求的较高成长潜力，或具备上下游企业认可的潜在协同效应。这些先决条件可能限制了桥隧模式的适用范围，使其不易快速推广。

4. 第三方参与贷款审核：以成都高新区为例统借统还贷款为例①

第三方或第四方不仅可以为贷款征信，还可以承担银行贷款的部分审核工作，典型模式即统借统还贷款。

以成都高新区模式为例。成都高新区统借统还贷款模式共涉及贷款企业、融资平台公司、担保机构、贷款银行、委贷银行及政府相关部门 6 类参与主体和 12 个业务流程（见图 6）。其中，贷款银行负责提供基础贷款；融资平台公司作为一级借款人和统一委托放款人，负责审查企业贷款申请材料，对申贷企业进行尽职调查，筛选申贷企业提交给民主评议会评审，并分别与贷款银行和各申贷企业签订贷款协议，向贷款银行统一偿付统借统还贷款本息；政府、担保机构进行信用增级；委贷银行负责委托贷款发放等流程性工作。

基于创投（如图 6 中的成都高新创新投资有限公司）设立融资平台公司是成都高新区统借统还贷款模式的重要特点。基于现有创投设立融资平台公司，有利于节约设立成本，并能利用创投对成长型、科技创新型企业已有的金融服务技能储备，缩短开展统借统还业务的筹备时间。创投组织统借统还工作，有利于其开展对园区企业的信息收集和分析工作，扩大自身客户基础，扩展自身服务范围，并最终有利于自身发展壮大，提高园区企业获得创投服务的概率。

---

① 对成都高新区统借统还贷款模式的描述参考了赵昌文、杨安华、赵雅婷、唐华（2012）。

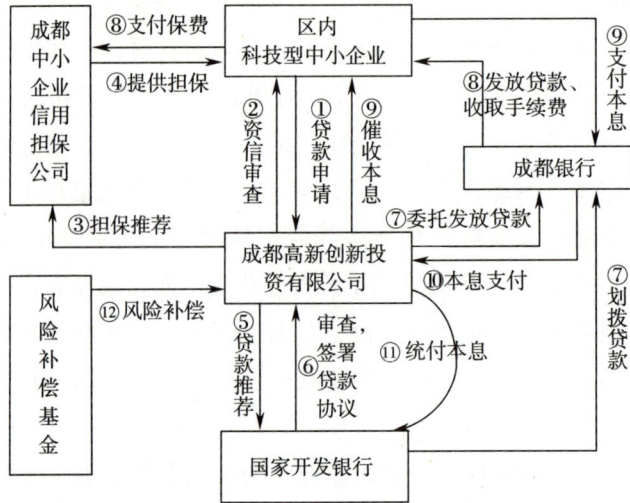

资料来源：赵昌文、杨安华、赵雅婷、唐华（2012）。

图6　成都高新区"统借统还"贷款业务流程

成都高新区统借统还贷款模式还为贷款银行提供了多层风险缓冲：（1）成都市高新区政府为属于成都高新区三大支柱产业的统借统还贷款企业提供50%的利息补贴和50%的担保费补贴，还通过财政拨款形式为统借统还贷款提供风险补偿金；（2）成都中小企业信用担保公司为统借统还贷款提供担保；（3）若贷款企业出现违约，作为统一借款人的融资平台公司，也负有还款义务。但从长期来看，多重风险缓冲虽能在短期内推动银行加大贷款量，支持更多的科技创新型企业，却让银行几乎将贷款风险完全转移给了政府、融资平台公司和担保公司，既不利于银行提高自身业务能力，也不利于科技金融体系的协调发展。此外，当政府风险补偿金不足以弥补贷款违约损失时，担保公司与创投也需要详细约定如何分担风险，避免违约处置时出现推诿。

从产品属性角度，"统借统还"模式接近于集合借贷。集合借贷因载体不同、增信方式不同等，有多种模式。常见的还包括集合保理融资。集合保理融资是以最终贷款企业的应收账款质押作为增信方式的一种集合信贷，具体模式为：产业集群或科技园区的大中型金融机构——如投资公司、担保公司、保险公司等——作为过渡公司，购买多个企业的应收账款，为企业提供融资。商业银行再依据应收账款资产包给过渡公司发放贷款，由过渡公司履行还款义务。实际操作中，过渡公司为控制风险，往往对最终贷款企业进行一定的筛选，要求其主营业务可观察、诚信度好，或者是国有大企业、龙头企业、区域大型企业的配套企业；若应收账款没有如约回款，通常还要求最终贷款企业承担回购义务（胡援成、吴江涛，2012）。

（三）加强投贷联动，构建综合金融服务平台

上节所述的多渠道多方式引入外部增信、接受更多类型的抵质押和担保等举措，一定程度上仍是银行利用对可贷资金的垄断向各相关方转移风险，并非银行主动提高自身理解和服务科技创新型企业的能力。而从长远来看，银行能力不提高，科技金融体系的整体服务效率也不易提高。为激励银行主动提高服务科技创新型企业的能力，除设法减轻风险外，更重要的是提高银行服务科技创新型企业的收益，让该业务成为投入产出比占优的业务。

股权投资收益是科技创新型企业金融服务最重要的收益。目前，我国商业银行还不能直接从事非金融企业股权投资，只能设法开展投贷联动。近年，银行投贷联动方式已从最初的与 VC/PE 等股权投资机构互荐客户，发展到银行主持构建综合金融服务平台，甚至通过选择权贷款等创新业务，自身间接从事股权投资。

1. 客户互荐模式

投贷联动的基础方式即银行与股权投资机构（PE/VC 等）互荐客户。基本业务环节如下：

（1）客户互荐。可以是银行向合作股权投资机构推荐客户，并承诺对获得股权投资的客户，将优先给予贷款（额度）。也可以是股权投资机构向合作银行推荐已投资客户，合作银行优先给予贷款（额度）。

（2）优先授信支持。对获得银行和股权投资机构共同认可的客户，银行通常提供较优惠的贷款条件，甚至是信用贷款。在此，银行是将获得股权投资视为客户的一项增信。部分银行会要求在企业完成第一单完整还款前，股权投资机构不得退出企业。

（3）综合上市安排。银行和股权投资机构共同为企业境内外 IPO 及再融资提供财务顾问服务，包括融资结构设计、过桥融资、申购资金管理等。企业获得资本市场融资后，银行通常成为其募集资金托管行。

除客户互荐外，在理论上，银行与股权投资机构的合作至少还可包括：①在股权投资机构有临时资金缺口——如募集资金暂不到位，拟投资项目大量新增——时，银行可为股权投资机构提供融资，融资常以并购贷款名义进行，也常通过私人银行渠道进行；②银行将股权投资机构纳入贷款违约处置流程，即对贷款虽违约、但仍有持续经营价值的客户，银行可为其与股权投资机构搭建对接渠道，由股权投资机构获得客户股权，并代偿债务。

2. 综合金融服务平台模式

客户互荐模式中的各个环节，如合作投资机构、客户推荐来源、银行配套产品、

各方合作领域和合作深度等，都有很大的可拓展性。从量变到质变，客户互荐模式可逐步升级为综合金融服务平台模式。

银行搭建的综合金融服务平台既可以是分行级，也可以是总行级。分行级平台以浦发银行天津支行为例。该行2013年与天津市科委签署了《共同推进天津市科技型中小企业加快发展合作备忘录》，共同启动"天津市科技金融综合服务平台"。该平台有3个特色服务区：①综合金融服务区：科技项目管理机构、知识产权投融资服务中心、风险投资管理机构、融资担保机构、律师事务所与科技支行共同设立"一站式"服务窗口；②股权投资服务区：引入天创投、深圳创新投、达晨、软银、滨海财富等创投，银行择优提供投贷联动；③路演对接服务区：专门为项目评审、科技会议、投资机构项目路演、大型推介等活动设计，可容纳百余人举办会议，有定期的创业者沙龙。

浦发银行天津支行开发了"科创天使"指数，以衡量企业科技成就的金融价值，纳入指数的企业科技成就包括：①高新企业资质：获得高新技术企业认证等；②自主知识产权：专利、商标、软件著作权等；③科技立项：获得科技三项费支持、重大专项立项等；④科技认证：（国家、天津）千人计划，（天津）中小企业创业基金、小巨人、小巨人领军企业、杀手锏项目等；⑤获得投资：获得VC/PE投资等。调研发现，近年各地、各部门、各机构都试图开发类似的企业量化评价模型，在数据可得性越来越强的大数据时代，我国中小企业融资技术，逐渐出现从基于软信息的关系型融资，向广义信用评分法演变的倾向①。

总行级平台的典型案例是招商银行于2010年提出并实施的千鹰展翼计划②。该计划是一项集创新型成长企业客户开发、培育、服务于一体的综合金融服务计划，

---

① 信贷技术可以分为"基于群组的信贷技术"和"基于个体的信贷技术"。"基于群组的信贷技术"以一个客户组为贷款分析单位，多采用"组内联保"的风险控制方式，通过群组的压力来督促客户还款。孟加拉乡村银行"信贷小组"和目前在我国流行较广的"企业联保"属于该范畴。基于个体的信贷技术以单个客户为贷款分析单位，大致有报表型贷款、抵押担保型贷款、关系型信贷和信用评分法四种贷款技术。（1）财务报表型贷款的分析技术主要基于贷款申请者提供的财务报表所反映的财务信息，侧重于对贷款申请者的事前筛选，较适用于有较长经营历史的中大型企业。（2）抵押担保型贷款也称资产保证型贷款，这类贷款的决策主要取决于贷款申请者所能提供的抵质押品以及担保的数量和质量，通过抵质押和担保一定程度上替代信用分析，有很强的事后监控功能，可以降低道德风险的发生概率，被广泛应用于中小企业贷款。（3）关系型信贷需对企业本身、企业交易对手以及其他利益相关者（股东、债权人、员工、供应商等）持续开展全面调研，获得企业及其经营管理团队的全方位信息（尤其是非财务信息等非编码信息），基于全方位信息对企业还款能力和还款意愿进行综合分析，确定贷款额度、期限以及相关的风险控制措施，"关系型信贷"在正式信用信息体系还不完善的发展中国家得到广泛应用。（4）从20世纪八九十年代开始，应用现代数理统计模型和信息分析技术，对客户经营财务数据、公司治理信息、信用记录等进行计量分析，建立信用评分模型，并将模型应用于信贷分析过程，逐渐成为大型金融机构开展中小企业金融服务的主流方法，这类方法常被称为广义信用评分法。

② 对招商银行千鹰展翼计划的描述参考了吴瑞祥、赵栩（2014）。

通过打造股权投资服务平台和设计创新的债权融资产品两项手段，形成直接融资与间接融资相匹配的金融服务体系，全面满足创新型成长企业全生命周期金融需求，支持创新型成长企业快速发展。与通常的客户互荐相比，千鹰展翼计划在多个方向上实现了突破。

第一，客户推荐来源进一步扩大。包括科技部重点支持的科技型企业和火炬计划入围企业、地方政府推荐的国家高新园区企业和科技成果转化企业、专业数据机构提供的私募基金投资企业、证券体系推荐的拟 IPO 企业等。截至 2013 年 4 月末，通过各种渠道获取的创新型成长企业名单已超过 3 万家。

第二，银行配套产品进一步丰富（见表1）。一是按照个性化营销和批量化营销相结合的思路，从"特色系列""基础系列""行业系列""周期系列"四个维度打造了投联贷、订单贷、科技贷、上市贷等特色融资产品。二是全面贴合创新型成长企业客户需求，制订个性化、定制化的服务方案，如供应链金融方案、跨境金融方案、现金管理方案、财富管理方案、薪酬福利方案、电子商务方案、资本之路方案等，并针对实际情况对各类方案进行有机组合，真正实现创新型成长企业"专享"服务。

表1　　　　　　　　　　招商银行重点产品一览

类别		产品或服务		
结算类	基础结算类	企业网银	招财猫	C＋结算套餐
	现金管理类	智能现金池	公司一卡通	公私一网通
		跨行现金管理	集团现金管理	智能通知存款
		银关通	政务通	小企业 E＋
信贷类	基础类	一般担保贷	物业抵押贷	订单贷
		专业担保贷	法人房产按揭贷	国内保理
		设备抵押贷	经营性物业抵押贷	应收账款质押贷
		固定资产贷款	信用贷	法人透支
		买方信贷	卖方信贷	固定资产贷款
		存货质押贷	仓单质押贷	商票质押贷
	特色类	科技成果转化贷	三板贷	上市贷
		股权质押贷	并购贷	知识产权质押贷
		科技补贴贷	结算贷	POS 机流量贷
投贷联动类	服务	引荐私募股权资本	中小企业私募债	引荐中介机构
	解决方案	展翼增值	展翼资本	展翼并购
		展翼直投	展翼三板	

续表

类别		产品或服务		
财富类	财富管理	公司理财	私人银行尊享服务	商务卡
	薪酬福利	年金计划	金福计划	募集资金托管
上市顾问服务	上市前	IPO 财务顾问	私募债发行顾问服务	集合信托承销
	上市中	中介选择顾问	评审评估中介结构报告	募集资金托管方案
	上市后	债券发行	境内外并购	高管个人理财

资料来源：招商银行小企业金融部。

第三，合作平台进一步完善。一是与政府合作搭建企业服务平台，包括与国家科技部签订合作协议，为其重点支持的科技型企业有选择地提供融资支持，而科技部则配合予以贴息；与各级地方政府建立紧密的日常联系机制，获取受政府支持和鼓励发展的企业名单，并合作开展"千鹰展翼"专题营销活动；等等。二是与250余家 PE 搭建"股权融资服务平台"，建立"客户互荐—业务互补—人员互动—流程互通"四互工作流程，为企业提供"股权＋债权"综合融资服务。三是与证券公司、律师事务所、会计师事务所等机构建立客户转介机制，为企业 IPO、引入股权投资及战略投资者提供相关第三方服务。

主持建设综合金融服务平台对银行自身管理能力也提出了较高要求。招商银行总分支行以智能化的客户关系管理系统（CRM）为技术支撑，建立起分层的"三库"——千鹰展翼客户库、股权投资项目库以及私募股权机构库——客户管理体系，并开发了专门的千鹰展翼"名单制"客户筛选、客户识别打分、需求响应、成长信贷加分等十大功能模块，通过电子化、智能化的客户营销方式和管理方式，使"三库"资源在招行搭建的银政、银创及银证等合作平台之间优化配置。招商银行还建立起丰富的俱乐部交流机制，通过遍及全国主要省市的企业家俱乐部，强化客户管理，深化银企交流与合作。

截至 2013 年 7 月末，"千鹰展翼计划"累计服务科技创新型成长企业超过10000 家；对计划项下近 60% 的企业予以近 2000 亿元的授信支持；计划中 30% 的创业期企业迈入快速成长期，销售收入成功跻身"亿元俱乐部"；2011 年以来，已帮助 108 家企业在深交所中小板、创业板上市。

3. 指定投资权模式

客户互荐模式和综合金融服务平台模式中，银行逐步从贷款人发展为融资组织者，业务模式有所突破；但收入仍主要来源于贷款和传统中间业务，收入模式没有质的突破。指定投资权模式则实现了银行收入模式的突破，并可能带来业务模式的全面创新。

指定投资权是银行（在传统授信业务或财务顾问业务的基础上）拥有指定符合约定要求的（第三方）行权方，按约定行权条款（约定行权期间、价格、份额），认购目标客户股权或目标客户持有其他公司股权的权利①。在银行书面同意指定行权方行权的前提下，被指定的行权方有权选择是否行权，因此指定投资权也常被称为选择权。指定投资权不得影响授信本身，授信合同的效力较之指定投资权所涉及的合同具有完全的独立性。银行行使指定投资权时，合作投资者②需为此向银行支付财务顾问费。支付方式有两种：第一，行使指定投资权时即一次性支付；第二，退出企业后，向银行支付一定比例的退出溢价③。

银行可通过多种方式获得企业的指定投资权。较早的是选择权贷款（也称"期权贷款"）模式，即由借款人或其关联公司在授信之外，额外赋予银行指定投资权。业务流程为：

（1）赋权：商业银行与借款人及其股东签署《选择权协议》，明确在行权期内有权指定股权投资者按约定的价格购买借款人或第三方一定比例的股权；

（2）选择股权投资者：商业银行与股权投资者签署《服务协议书》或《组团协议书》，约定服务内容和服务报酬；

（3）行权：商业银行指定股权投资者与借款人（及其股东）或第三方签署《股权转让协议》或《增资扩股协议》，具体方式包括直接指定或者债权转让等；

（4）实现收益：借款人上市，股权投资者转让股份获取溢价并与银行分利润。

选择权贷款模式的直接弊端在于客户接受度低。除贷款利息之外，还要客户额外赋予指定投资权，客户的不满在情理之中。为此，银行需设法提供贷款之外的增值服务，让企业觉得额外赋予指定投资权价有所值。

选择权贷款模式的第一种变形是财团模式，核心差别在于银行不是在获得指定投资权后再去找股权投资机构，而是银行从一开始就与股权投资机构共同组成财团，

---

① 调研发现，指定投资权的有效期通常至少覆盖贷款期限，最好覆盖上市筹备周期，一般为 3 ~ 5 年。入股价格通常按银行与企业签订财务顾问协议的前一年年末的企业每股净资产（如财务顾问协议在 2009 年签订，股权投资的价格通常是企业 2008 年末的每股净资产）；或者按银行行权时公司经有证券从业资格的会计师事务所审计的前一年度年报每股净资产；已具备上市可行性并启动上市计划，可适当给予溢价，但通常不高于同期及将来除公司高管之外的其他投资者的入股价格。入股份额通常为 3% ~ 5%，但银行通常保留按届时市场价格将股份增持至 10% 的权利。指定投资权的具体条件会依据个案情况的不同经双方协商确定。为防止企业通过重新注册等方式规避银行的指定投资权，通常约定无论注册地点和上市地点，只要是同一实际控制人的该项主体业务上市，银行的指定投资权都有效。

② 合作投资者通常首选同一金融集团旗下的股权投资机构，也会选择日常有密切业务往来的其他产业投资基金、VC、PE 等机构投资者。调研时各行均表示在选择合作投资者时会充分参考企业的意见，希望合作投资者能确为企业带来所需的资源，由此提升企业价值，实现多方共赢。

③ 通常是 20% ~ 40%。关于支付时点，银行可能要求合作投资者在企业上市后的一段时间内（如 4 个月）全部支付该比例的退出溢价。

以财团名义与客户签订融资协议，共同为客户提供"债权＋股权"综合融资服务。借款人及其股东赋予财团指定投资权，由财团中的股权投资机构行权并持有股份。股权投资机构择机转让股份后，银行与股权投资者按约定比例分享转让溢价。财团模式的组织结构和交易结构十分灵活，已经很接近夹层融资（Mezzanine Finance）。

财团模式中，银行除贷款外，还提供了融资组织服务，指定投资权可视为是融资组织服务的对价。银行很快意识到，在信贷部门之外，另外组织专门团队，以企业赋予的指定投资权为对价，为成长前景较好、上市可能性较大的中小企业提供战略咨询、贷款推介①以及引荐战略投资者、券商、第三方服务机构等财务顾问服务，既能实现和财团模式一样的收入结构，还让银行法律风险更低②，主动性更强，更有利于积累专业服务能力，为银行另辟了中间业务的新增长点③。财务顾问模式（也常被称为"上市直通车"，如图7所示）由此诞生。

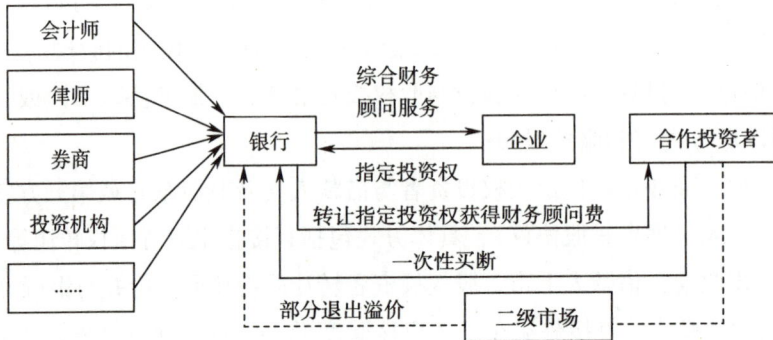

资料来源：作者整理。

图7　中小企业财务顾问业务框架

财务顾问业务并非创新业务，投行和PE/VC已开展多年，那银行的优势何在？本文认为，银行具有三项潜在优势。

第一，客户资源优势。银行在网点覆盖、一线员工队伍以及存量客户上的数量优势是券商和PE/VC无法比拟的，可以为其财务顾问业务输送源源不断的客户流量。

---

①　财务顾问团队通常可以列席审贷会，可应要求发言，但不能主动发言。信贷部门对贷款仍是独立审批，财务顾问团队仅有建议权。

②　根据《商业银行中间业务暂行规定》，商业银行可以从事财务顾问、投融资顾问和信息咨询服务等中间业务，由此形成的业务收入不计入其资产负债表。而根据《商业银行服务价格管理暂行办法》，从事财务顾问和咨询业务收费执行市场调节价，各商业银行总行可对收费方式和标准自行确定及调整。

③　贷款客户通常也会在同一家银行叙作存款和中间业务，因此银行在表面上可获得综合收益。但如果存款和中间业务是派生于贷款业务，那么客户通常会要求较优惠的中间业务费率或（和）贷款利率，银行的中间业务收入实际上是贷款利息的转让。

第二，信贷支持优势。银行财务顾问团队拥有帮助企业申请银行信贷的"内部人"优势，这一优势也是券商和 PE/VC 无法比拟的①。

第三，耐心优势。除分享股权增值外，财务顾问业务能为银行带来客户黏性提高、存贷款和结算业务增加等综合效益，因此银行不必急于行使指定投资权并要求企业上市。

由于有客户资源优势、信贷支持优势和耐心优势，银行财务顾问业务的目标客户群可能比一般的 PE/VC 更大，在经济低迷阶段尤其如此。因此，银行若大规模开展基于指定投资权的财务顾问业务，就有可能掌握一大批中小企业上市资源，而一旦掌握了大量上市资源，银行就有能力将一部分事务所、券商和股权投资机构吸引到自己的平台上，形成一个以商业银行为中心的战略联盟。在长期合作利益的驱动下，这部分事务所、券商和股权投资机构将像商业银行的一个"准部门"一样为其提供配套服务。这样的战略联盟一旦形成，虽然表面上商业银行自身并不从事企业股票的保荐和承销，即没有叙作核心的投资银行业务，但由于商业银行在该战略联盟中的核心地位，商业银行已实质开展了金融混业经营。

另需格外关注的是，上海 2015 年 5 月 27 日发布的"推进科创中心建设 22 条意见"中，在"（十五）推动科技与金融紧密结合"中提出"支持商业银行设立全资控股的投资管理公司，与银行形成投贷利益共同体，探索实施多种形式的股权与债权相结合的融资服务方式，实行投贷联动"②。该提议会对银行收入模式和业务模式、进而对科技金融体系带来哪些长远影响甚至质的影响，值得进一步研究。

（四） 创新机构形式，发展专业化科技银行

除产品创新、业务创新外，建立长期专注服务科技创新型企业的科技金融专业团队，靠专业化分工提高科技金融业务能力，更多挖掘优质客户，更好地控制授信风险，是商业银行发展科技金融的另一思路。该思路的初级表现是在银行内部成立专门的科技贷款部门和专门业务团队，高级表现则是建立科技银行（支行）。

专业化分工思路在实践中可能遇到两个问题。第一，科技金融团队或机构的专营度要多高为宜？这是因为企业和行业的科技含量有多种表现形式，科技与非科技实则是一个程度问题、不是非黑即白。因此，需要为目标客户设置多高的科技含量门槛、需要给予科技金融团队或机构多少的特定政策，就有很大的裁量余地。客户门槛低、特定政策少，所谓的专业就有名无实；客户门槛低、特定政策多，专业化

---

① 即使从获取股权融资的角度，许多创业者也不希望在企业规模尚小之时就以较低估值引入股权投资者，而是更希望先能获得银行的贷款支持，在企业规模扩大之后再以更高估值引入股权投资者。

② http://www.shanghai.gov.cn/shanghai/node2314/node2315/node4411/u21ai1016453.html.

就成为制度套利的借口；客户门槛高、特定政策少，业务实际就无法大规模开展；客户门槛高、特定政策多，表面上体现了科技金融的特点，但相关经验却不易推广。

第二，初始发展和专业化发展的矛盾如何协调？专业科技金融团队或机构需要较长的培养周期，因此在成立之初需做部分短平快的非科技金融业务，以维持基本的盈亏平衡。如何让平衡好初始发展和专业化发展，坚持发展更注重长期效益的科技金融业务，是需要关注的问题。

在20世纪90年代初期，在科委和开发区的推动下，各地兴起建立科技信用社的小高潮。1995年，全国非银行科技金融机构和科技投资开发公司的数量已近90家（较1993年约增长13%），其中科技信用社和科技信托公司有50家左右，科技投资开发公司有40家左右（谢绍明，1995）。科技信用社能开展存取汇贷业务，可视为科技银行在中国的早期实践。尽管大部分科技信用社在随后的金融改革中被逐渐合并、改组为合作银行或城市商业银行的一个支行（谢绍明，1997），但科技信用社这段短暂的独立发展历史，由于其自负盈亏、自我约束，条条框框较少，股权结构多样，业务范围灵活，实践了多种经营策略，为研究科技金融专业化分工思路提供了宝贵的经验。以3个较典型的科技信用社（以下简称科社）为例。

1. 昆明科技产业城市信用合作社（以下简称昆明科社）

昆明科社成立于1992年1月，以开发区和民营科技企业为股东组成董事会，在内部实行职工全员股份制，是全国首家民营股份制科技金融机构①（张亚光，1995），张亚光为科社主任。日后，张亚光还参与设立云南高新创业投资公司（云南首家风险投资公司，2000年9月成立）和云南金控民间融资登记服务公司（2014年5月正式营业，张亚光任董事长）。

作为民营金融机构，昆明科社没有国家一分钱投资，没有国家一分钱存款，没有一块划定的业务范围，但在经营管理上享有广泛的自主权。一是经营自主。在不违背金融政策的前提下，科社自行决定贷款和投资项目。二是分配自主。对于职工工资和奖金，科社可以根据效益自行决定。三是人事自主。信用社对职工实行合同制，对干部实行聘用制，中层以上干部由董事会研究任命。职工和干部的聘任使用或解聘辞退完全由科社自行决定。

为贯彻服务科技的方针，昆明科社首先从领导体制上予以保障，董事会由管委会领导和民营科技企业家组成，董事会通过科技贷款数量指标考核科社的资金流向，确保贷款指标50%以上用于科技项目。昆明科社人员构成中，有相当一部分骨干来自民办科技管委会和民营科技企业，对科技企业情况熟悉，考核评审科技项目时既

---

① 国家科委向全国推广了昆明科社的经验，在昆明科社的倡导下又成立了中国科技金融促进会。

能借鉴专业银行成功经验，又能结合民营科技企业的特点，贷款效率和成功率较高。昆明科社从 63 万元股本金起家，完全面对市场吸收社会闲散资金，至 1993 年末各项存款余额 1.65 亿元，贷款余额 7200 万元，1993 年实现利税 1000 万元，自有资产已达到 1900 多万元，各项指标跻于昆明市 33 家信用社之首。至 1995 年 5 月，先后服务了九项国家级"火炬计划"，十几项省级"火炬""星火"计划，对数百家民营科技企业、民办科技园、高新技术产业开发区累计贷款 2.6 亿元，占累计发放贷款总额的 50 % 以上（张亚光，1995）。

随后，包括昆明科社在内的昆明 30 家信用社合并，于 1996 年 12 月改组成立昆明市商业银行。2007 年 12 月 30 日，经中国银监会批准，在对昆明市商业银行进行增资扩股和处置不良资产的基础上，成立富滇银行股份有限公司（以下简称富滇银行），成为云南省第一家省级地方性股份制商业银行。

2. 大连科技城市信用社（以下简称大连科社）

大连科社于 1994 年 4 月 6 日正式成立营业，是大连高新技术产业园区、大连交通银行及部分职工联合投资组建的有限责任公司性质的金融企业。

截至 1995 年 3 月底，大连科社存款余额为 1.66 亿元，贷款余额为 1.1 亿元，累计贷款发生额 2.28 多亿元。向大连高新技术企业及科技产业贷款 6914 万元，占总贷款发生额的 30.3%，其中支持高新技术产业园区基本建设和产业化基地建设贷款 4720 万元，支持科技成果产品化及科技流动资金贷款 2194 万元。

大连科社科技贷款占比并不高，实则体现了同时期各地科社普遍遇到的经营困难。科社成立较晚，可贷资金规模较小，而科技型企业一般项目投入期较长，资金回收较慢，资金占用较严重，对科社的资金调配、经济效益和滚动发展有一定程度的不利影响。如何协调好科技贷款的期限与规模、科社的经济效益与支持科技产业的关系，是需解决的现实问题。此外，科社普遍遇到揽存难问题[①]，一开始往往要以非科技企业为主要存款客户。在传统的"以贷养存"揽存模式下，短期内也不得不以非科技企业为主要贷款对象。如何协调好扩大融资规模与支持科技产业之间的关系，也是科技信用社需解决好的问题。

---

① 如何获得存款是科技信用社在创立之初普遍遇到的问题。例如，绵阳市科技城市信用社（1992 年 12 月 18 日开业，以下简称绵阳科社）是经四川省、市人民政府同意，省、市人民银行批准，省、市科委牵头组建成立的金融机构。绵阳科社在组织存款上，采取了先内后外、先股东后股民、先单位后个人、先贷户后居民的"四先四后、先后并进"吸纳存款措施；采取分别下任务、分类提要求、个别搞联系、普遍搞宣传、存贷相结合、以存定贷、以贷促存的办法。在狠抓组织资金、吸收存款工作上，先从内部职工开始，规定凡社内职工，不论收入多少，存款额大小，必须人人带头自储开户，每月动员两个存款户，每月业余揽存 5000 元。甚至要求申请贷款单位的领导发动单位职工来存款，先存后贷、先贷后存、有存有贷、存贷结合，使组织资金和调剂融通资金有机结合。

大连科社根据科技企业投资期较长、回收较慢的特点，一方面支持科技企业开发科技产品，另一方面也帮助科技企业投资其他投资短、见效快的非科技项目，力求以短养长。例如，大连伟业机械厂主要生产皮革机械产品，其生产的真空皮革干燥机居国内领先地位，已被认定为高新技术产品。但真空皮革干燥机用量较少且不稳定，难以形成较好的经济效益。大连科社为其贷款100万元，用于生产皮鞋钢帽头，替代进口产品，产值可达700多万元，创利300多万元，使其有充足的资金研制、生产皮革机械产品（于淑兰，1995）。

3. 哈尔滨科技信用社（以下简称哈尔滨科社）

哈尔滨科社创建于1993年4月27日，在其100万元注册资金中，科委占55%的股权，为控股单位。

哈尔滨科社从开业第一天起，就走"独立核算、自主经营、自担风险、自负盈亏"的发展道路。1993年当年盈利102万元；1994年实现利润405万元；1995年实现利润1025万元。1997年2月，哈尔滨科社加入哈尔滨商业银行，成为其科技支行。截至1998年末，累计发放科技贷款3.1亿元，占贷款总额的75%；累计实现利税4000万元；存款余额达5.21亿元；营业网点由创建时的一个发展为6个。

哈尔滨科社的突出特点是建立了多功能、全方位的科技企业服务体系。

第一，对科技贷款实行"双优"政策，即同等条件优先贷给科技项目，科技贷款利率比人行规定利率下浮一个百分点。

第二，除科技贷款外，经有关部门批准，还设立了科技风险投资部。市政府从1994年开始连续三年每年投入300万元科技风险投资基金，专门用于科技风险项目运作。

第三，经有关部门批准，科社设立了科技经费委托代理部，市科委把科技经费代放代收业务，从市信托投资公司和银行的投资公司拿到科社。当时我国科技经费从计划管理体制下的"计划调拨、无偿使用"部分调整为"有偿使用"，是一项重大改革，但当时没能有效解决"放易收难、越投越少"的问题。该项业务划归当年，科社就收回科技经费500多万元，两年时间收回逾期有偿科技经费1000多万元，回收率在原有基础上提高了2倍，大大提高了科技资金的周转速度。

第四，1995年3月16日，哈尔滨市民营科技企业贷款担保基金会正式成立，基金会设在科社。哈尔滨市科委从三项费用回收部分中拿出300万元，民营科技企业主动入会缴纳50万元（至1996年末入会的民营科技企业已达40多家），总计350万元的科技担保基金全部到位。

至此，哈尔滨科社集科技信贷、科技风险投资、科技经费代放代收、民营科技企业贷款担保于一身，具备了多功能服务能力，实现了对科技企业的全方位"一条龙"服务。1995 年初，哈尔滨科社作为高科技园区的配套支撑体系成员，进入了高新技术开发区。

与同期许多科社类似，哈尔滨科社（及随后的科技支行）也把吸收存款作为头等大事。措施包括：（1）不断扩大储蓄种类；（2）主动与沿海开放地区城市及内地一些大城市的金融机构建立通汇关系，升级结算业务；（3）主动无偿为客户代办开户手续；（4）向社会公开打出"取现金不收好处费""贷款不收回扣"两块牌子，并设立了主任举报电话，一旦发现有人勒卡，就地解聘；（5）成立外勤部，主动上门为大户取送款，还提供金融业务以外的其他必要服务；（6）开发使用电脑识别指纹储蓄系统，树立科技支行高技术形象，提高知名度；（7）周到服务，统一着装，使客户有宾至如归的感觉；（8）通过各种新闻媒体向社会广泛宣传，扩大社会影响，增强社会信任度。通过坚持不懈地工作，哈尔滨科社存款总额每年都以较快的速度增长：1993 年为 0.39 亿元，1994 年为 0.77 亿元，1995 年为 1.23 亿元，1996 年为 2.1 亿元，1997 年为 3.52 亿元，1998 年为 5.2 亿元，存款增速在商业银行系统位列前茅（王树勋，1995 年 10 月；李凯英，1997 年 2 月；哈尔滨市商业银行科技支行，1999 年 10 月）。

哈尔滨科社有力地支持了硅烷偶联剂、兽用疫苗、内反馈串极调座电机、全降解植物纤维餐饮具、单氯代苯配、海绵铁等 60 多项高新技术项目的发展，成为全市科技投入体系的重要组成部分，获得众多荣誉。1995 年，被哈尔滨市金融信誉等级评定部门评为 3A 级信用社（最高信誉等级，全市 64 家信用社仅两家获此荣誉），同年 8 月，被国家科委批准成为全国唯一一个科技与金融结合试点单位。1996 年因支持技术创新成绩突出被国家科委授予"中国星火计划十周年先进集体"称号（全国仅此一家信用社获此殊荣）。1997 年被评为金融系统"四讲一服务"先进集体。原国家科技部部长朱丽兰，于 1995 年 8 月、1997 年 11 月两次专程视察哈尔滨科社，赞扬科社在发展科技金融事业、促进技术创新上"醒得早、干得好，在全国起到了示范作用。"1998 年 3 月，中国人民银行行长戴相龙作出批示，对科技支行支持科技发展的做法给予了充分肯定。

随着大部分科技信用社被逐渐合并、改组为合作银行或城市商业银行的支行，独立运营的"准"科技银行暂时淡出我国金融舞台。但昆明科社（民营股份制）、大连科社（混合所有制）、哈尔滨科社（政府控股）等的发展历程，对专营科技金融的中小金融机构（部门）仍有许多启发：

（1）坚持以科技创新型企业为主要客户，专注科技金融业务，并不会延误机构（部门）的发展，相反，若在设立伊始就走"短平快"路线，不能在压力之下提高科技金融专业能力，日后也很难走上科技金融之路。为此，设立科技金融专营机构

（部门）之时，需考虑前期的战略亏损问题。

（2）科技金融专营机构（部门）要在管理和业务上有自由度，能采用全员持股这种强激励措施，能多渠道从事金融混业经营，这可能是设立科技金融专营机构（部门）必需的制度条件。

（3）资金来源不足是中小金融机构的普遍难题，中小科技金融专营机构可能更难，帮助动员资金是对中小科技金融专营机构真正的扶持点之一。当然，防范道德风险，保障出资人利益，是扶持措施的硬约束条件。

由于科技创新型（中小）企业融资难的问题始终未有效解决，因而成立专业化科技银行的呼吁从未中断，甚至越来越强。后至 2009 年 1 月，中国建设银行四川省分行高新区科技支行、成都银行科技支行在成都挂牌成立；同年 7 月，杭州银行科技支行在杭州高新技术产业开发区揭牌成立，这标志着全国首批专营科技金融、服务创新发展的科技支行成立。按肇启伟、曾琳希、李俊宏、阳倩（2014）以"科技支行"为关键字、以公开媒体信息为检索对象进行的不完全统计，截至 2013 年 2 月 22 日，全国共有 68 家科技支行。设立科技支行的方式有两种。一种是升级原有的分支行，如成都银行科技支行；另一种是由上级分行新设立科技支行或科技金融部门。

与早期的科技信用社相比，得益于近年我国金融机构、金融市场和金融产品的跨越式发展，科技支行在产品创新和业务创新上有长足的进步①。各地科技支行在商业银行既有框架内也逐渐开展了一些管理机制创新（见表2），但科技支行是商业银行的分支机构，并非独立法人，管理机制创新反而不如科技信用社自由。产品创新较强、管理创新较弱的局面，中长期内究竟如何影响科技支行服务科技创新的效果，值得进一步研究。

表2   **科技支行管理机制创新**

政策类别	政策内容
单独的客户准入机制	（1）各地银监部门通常要求科技支行的科技型中小企业贷款比重不得低于50% （2）目标客户多集中于地方优势产业及国家扶持的战略新兴产业，并制定相应的准入门槛
单独的信贷审批机制	（1）审批端口前移，例如汉口银行单户 5000 万元（含）以下的授信业务均可在科技金融服务中心完成营销、申报、审批全流程操作 （2）与高校院所、创投、券商、科技部门等合作，联合成立专家型信贷评审委员会 （3）提高审批效率，例如建设银行成都科技支行从企业提出申请到完成前期尽职调查为 5~7 个工作日，制订授信方案、完成审批约 3 个工作日，落实贷前条件并实现放款不超过 3 个工作日

① 银行产品创新和业务创新前文已有详述，本节不再赘述。

政策类别	政策内容
单独的风险管理政策	（1）提高风险容忍度，例如银行不良贷款容忍度通常不超过 1%，杭州银行科技支行放宽到 3%，汉口银行科技金融服务中心放宽到 5%。但由于尽职免责制度不完善，以及总行业绩考核制度缺乏足够差异性等原因，实践中可能仍倾向于按原先风险控制目标运营 （2）将财政的风险补助资金、对科技型中小企业的期权股权收益纳入"科技型中小企业专项拨备"项下
单独的绩效考核方案	（1）实行准事业制，实行单独的拨备计提政策和专门的统计分析制度 （2）将客户经理分成若干团队，实行团队考核，团队内相互配合，团队间适度竞争 （3）考核指标差异化，上调科技中小企业开户数、授信户数和金额、与新兴产业基金和创投公司的合作等经营指标的考核权重，下调存款、利润等绩效指标的考核权重

资料来源：作者整理。

四、资本市场

比较金融系统研究发现，在推动新兴产业发展上，与银行主导的间接融资体系相比，以资本市场和风险投资为代表的直接融资体系更具比较优势。例如，英美总体上是资本市场主导的直接融资体系，日德总体上是银行主导的间接融资体系。历史上看，大部分新兴产业是在英美发展起来。铁路起源于英国，并且是通过伦敦证券交易所获得大规模融资。汽车产业尽管起源于德国，但其第一次大规模生产却是在美国。航空、耐用消费品、信息技术和生物技术等产业都最初发展于美国，NASDAQ 发挥了重要的聚集催化作用。日德尽管是发达国家，但现有的优势产业大都起源于其他国家，如日本的汽车和电子产业。

（一） 在推动新兴产业发展上具有比较优势

资本市场之所以更能推动新兴产业的发展，是因为其分散决策机制和多级价值提升机制。

第一，从信息和决策角度，总体而言，以资本市场为代表的直接融资体系是不同投资者分散决策并分担风险，以商业银行为代表的间接融资体系是机构集中决策并集中管理风险。集中决策机制在信息处理上具有规模经济，擅长推动成熟产业的发展，但也易导致风险偏好和投资逻辑的单一。分散决策机制则让不同风险偏好、不同投资逻辑的投资者都能一展身手，包容性更强。新兴产业技术路线尚未确定，盈利模式尚未稳定，特定项目发展前景还有很大的不确定性。资本市场由于其更分散的投融资决策机制，有利于让更多、更差异化的新兴产业项目获得融资，有利于进一步扩大新兴产业的发展广度，充分开发新兴产业的增长潜力。此外，从创新扩散的角度，银行所掌握的企业信息主要在本行内部使用，而资本市场上市（挂牌）公司需对外详细披露信息，资本市场也更有利于创新信息的传播和扩散，进而促进创新的外溢、联动和升级。

第二，从激励角度，资本市场为科技创新型企业提供了多级价值抬升机制，激励效应更明显。企业价值等于股权价值加债权价值。企业增加贷款，可一定程度抬升企业的债权价值（债券融资也有类似效果）。但其一，在既定的股权价值下，企业负债总量有限；其二，即使企业经营稳健性提高、市场融资利率下降，已有债权的价值可有所提升，提升空间也有限。多层次资本市场则为企业提供了多级价值抬升机制：通过风险投资和私募市场已可实现未来收益折现价值和风险分散溢价，通过公开上市可再实现流动性溢价，通过上市后公司治理水平的提高还可实现公司治理溢价。科技创新型企业创造高市值的案例不胜枚举，这是对创新者、对投资者，进而对新兴产业发展最强效、最具带动效应的激励。

若把对科技型中小企业的投资简化为"价值发现—价值提升—价值实现、资金增值—资金再次投入价值发现"的闭环，那么在价值发现和实现环节，资本市场更有比较优势，在价值提升环节则银行体系和资本市场体系各有专长[①]。在价值发现和价值实现环节，资本市场能对银行体系形成较强的互补，开展金融混业经营的银行，其投入也需要在资本市场变现。在价值提升环节，资本市场与银行体系有互补，也有一定的替代（见图8）。

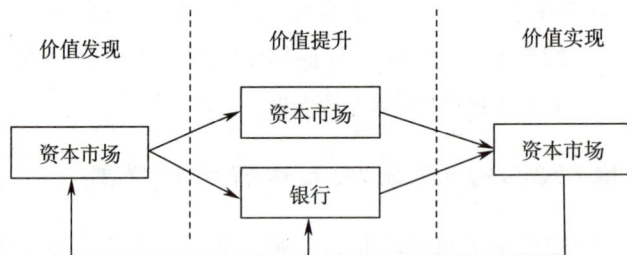

资料来源：作者整理。

图8　资本市场与银行体系的比较优势分布

---

① 例如，卡萝塔·佩蕾丝在《技术革命与金融资本——泡沫与黄金时代的动力学》（Carlota Perez，2002）一书中指出了技术创新与金融资本相结合的基本规律：新技术早期的崛起是一个爆炸性增长时期，会导致经济出现极大的动荡和不确定性。风险资本家为获取高额利润，迅速投资于新技术领域，继而产生金融资本与技术创新的高度耦合，从而出现技术创新的繁荣和金融资产的几何级数增长。

资本市场和银行在科技金融业务上面临的重点问题也不同。在分业经营制度下，银行的重点问题是产品设计。银行肩负对储户的硬兑付责任，在科技贷款上，要通过层层叠叠的风险缓冲、风险分担和风险补偿措施减轻风险。在投贷联动中，为绕开不能直接持股非金融企业的限制，也需通过繁复的合同设计，曲线分享企业股权收益。

资本市场直接融资中，投融资双方直接谈判设定投融资条件，在理论上原本十分灵活。该体系的瓶颈反而是政府和金融监管部门的角色定位和公共服务，这包括：（1）如何放松管制，不人为阻碍投融资双方的自由谈判；（2）如何提供平台和服务，降低投融资双方的搜寻和谈判成本，便利投资回报的变现；（3）如何设定监管底线，保护弱势的一方。在发展诉求上，在 2000 年前后，主流的呼声集中在发展创业投资和创业板，为初创期科技创新型企业提供融资。时至 2014 年，应该说实现这两个诉求的制度架构已基本建立，接下来是如何优化的问题①。

（二）多层次资本市场发展概况

我国现已形成"主板—中小板—创业板—全国中小企业股份转让系统（新三板）—区域性股权交易市场（四板）—券商柜台市场（五板）"的多层次、多元化资本市场体系，聚集大批优质企业。中小板、创业板已成为科技创新型企业集中上市地。

以深市为例。截至 2015 年 4 月 30 日，深市 1672 家上市公司中 1671 家披露了 2014 年年报或年报数据，其中，主板公司 479 家（新中基未披露），中小板公司 746 家，创业板公司 446 家。2014 年，深市上市公司实现营业总收入为 63115 亿元，同比增长 8.43%，其中主板、中小板和创业板增长率分别为 5.25%、12.09% 和 25.57%。回顾 2012—2014 年，各板块公司在募投项目建设、人才引进、技术创新以及产业转型、消费升级等多重因素推动下，营收规模逐年稳步增长。以 1671 家企业为样本，3 年间主板、中小板、创业板公司平均营业总收入分别增长 20.15%、46.68% 和 82.21%，对应的年复合增长率分别为 6.31%、13.62% 和 22.14%。

2014 年，深市已披露年度研发数据上市公司研发投入金额合计 1488 亿元，平均每家 8926 万元，较上年增加 13.27%，其中，中小板、创业板分别增长 16.64% 和 22.84%。419 家公司研发强度（研发投入占营业收入比例）超过 5%，占公司总

---

① 需强调的是，并购市场（或者说"控制权市场"）是科技金融不可或缺的市场。并购是企业优胜劣汰和产业周期演进不可缺少的工具，是创业投资退出的重要渠道。没有发达的并购市场，新兴产业很可能陷入过度饱和却无法退出，其投资资金不能实现完整循环，对新兴产业的连续支持能力下降。鉴于并购是资本市场的通用工具，科技金融仅是其应用方向之一，本文不展开讨论。

数的 25. 13% 。131 家公司研发强度超过 10% ，35 家超过 20% 。以高新技术企业以及战略性新兴产业企业为主的创业板，公司平均研发强度达到 5.38% ，居三板块之首。

从盈利能力看，2014 年深市上市公司平均毛利率为 20.87% ，较 2013 年略有上升，其中主板、中小板分别为 19.37% 、21.44% ，较上年小幅上涨，创业板毛利率为 33.12% ，与上年持平，继续保持在较高水平上。2014 年，深市上市公司归属母公司股东净利润合计 3782 亿元，同比增长 11.65% ，其中主板、中小板和创业板分别增长 7.27% 、17.71% 和 16.57% 。

表3   **2014 年深市上市公司总体业绩情况**

板块	平均营业总收入增长率（%）	平均净利润增长率（%）	平均每股收益（元/股）	平均毛利率（剔除金融行业）（%）
全部公司	8.43	11.65	0.38	20.87
主板	5.25	7.27	0.39	19.37
中小板	12.09	17.71	0.37	21.44
创业板	25.57	16.57	0.38	33.12

数据来源：《深交所多层次资本市场上市公司 2014 年报实证分析报告》。

中小板自 2004 年成立以来，上市公司业绩稳步增长。2014 年相对于 2004 年，公司平均收入、净利润增长率分别为 325% 、338% ，复合增长率分别为 18.54% 、15.62% 。上市公司从 2004 年的 38 家增长到 746 家，总市值从 413 亿元增长到近 9 万亿元；中小板综合指数自 1000 点攀升到 2015 年的 12922 点，市场指数 10 年涨幅

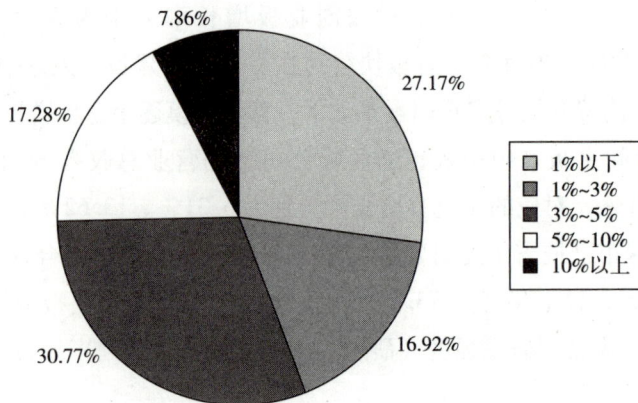

数据来源：《深交所多层次资本市场上市公司 2014 年报实证分析报告》。

图9 深市上市公司研发强度的公司数量分布

94

近 13 倍。一大批优秀中小企业通过中小板实现快速发展，比亚迪、科大讯飞、苏宁云商、海康威视等成为国内外知名企业。

2014 年，中小板公司研发支出达 560 亿元，占收入的比例约为 3%。近三年，中小板公司研发支出保持持续增长的态势，增长率分别为 16%、18% 和 17%，研发投入的增长高于营业收入增长幅度反映出上市公司积极寻求技术革新，实现可持续发展。中小板公司中有 51 家研发投入超过当年营业收入的 10%，其中电子通讯、信息技术类公司占 34 家。研发投入最大的公司为大华股份，2014 年研发投入金额达到 7.8 亿元，占收入的比例为 11%。截至 2015 年 4 月 30 日，中小板公司有 535 家高新技术企业，占比为 71.72%，其中拥有国家火炬计划项目的公司 242 家，拥有国家 863 计划项目的公司 68 家，获得国家创新基金支持的公司 98 家。截至 2015 年 4 月 30 日，中小板拥有与主营产品相关的核心专利技术公司家数达 562 家，占比 75.34%，拥有核心专利技术项数达 20529 个。

表 4　　　　　　　　　　**中小企业板历年 IPO 和再融资情况**

年度	2004	2005	2006	2007	2008	2009	2010	2011	2012	2013	2014	2015.4	合计
当年新上市公司家数	38	12	52	100	71	54	204	115	55	0	31	14	746
当年 IPO 融资额（亿元）	91	29	161	391	301	424	2028	1019	349	0	198	61	5052
当年再融资公司家数	0	0	3	17	14	21	46	79	70	115	189	87	641
当年再融资金额（亿元）	0	0	18	99	109	131	322	463	422	537	1502	491	4094
当年融资公司家数	38	12	55	117	85	75	250	194	125	115	220	101	1387
当年融资额合计（亿元）	91	29	179	490	410	555	2350	1482	771	537	1700	552	9146

数据来源：深交所中小板 11 周年宣传材料。

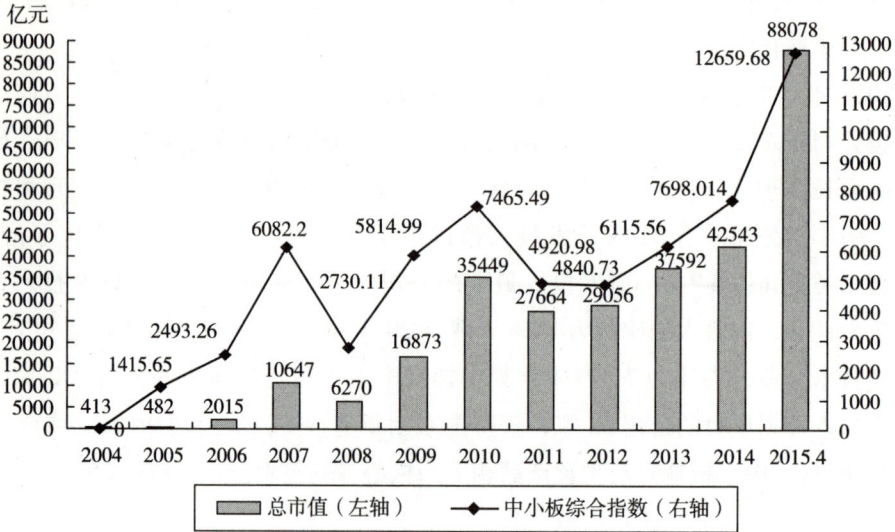

数据来源：深交所中小板 11 周年宣传材料。

图 10　中小板公司市值变化与市场表现

表 5　　　　　　　中小板公司创新情况统计（截至 2015 年 5 月 20 日）

项目	家数（家）	占比（%）
高新技术企业家数	535	71.43
拥有国家火炬计划项目企业家数	242	32.31
拥有国家 863 计划项目企业家数	68	9.08
获得国家创新基金支持企业家数	98	13.08
国家创新型试点企业家数	28	3.74
拥有与主营产品相关的核心专利技术企业家数	562	75.03
拥有与主营产品相关的核心专利技术项数	20529	—

数据来源：深交所中小板 11 周年宣传材料。

表 6　　　　　　　中小板公司创投投资情况统计（截至 2015 年 5 月 20 日）

项目	数量
获得创投机构投资企业家数（家）	176
累计初始投资（万元）	591211.14
累计初始投资股数（万股）	209510.96
调整后的累计初始投资股数（万股）	712202.95
按市值计算的初始投资金额（万元）	17243282.54
增值倍数	29.17

数据来源：深交所。

推出创业板、为科技型中小企业提供稳定的上市通道，是我国科技界和金融界的夙愿。创业板自 2009 年设立之后，较好地体现了科技性和成长性特征。2014 年度，创业板披露年度报告的 419 家公司研发投入合计为 183.36 亿元，占营业收入的比重（即研发强度）为 5.33%，在深市三个板块中继续保持领先地位。研发投入金额较上年增长 20.9%，近三年复合增长率达到 21.88%。75 家公司 2014 年研发投入强度超过 10%，北京君正、同花顺、国民技术等 8 家公司研发投入强度超过 30%，北京君正更是达到了 72.6% 的水平；36 家公司 2014 年研发投入超过 1 亿元，乐视网、神州泰岳、沃森生物和汇川技术则超过了 2 亿元。

持续的较高水平研发投入给创业板公司带来了较强的创新和竞争优势，涌现出了一批 A 股市场此前没有的商业模式和新业态。2014 年度，创业板公司毛利率为 33.12%，继续在深市三个板块中保持领先地位。在披露年报的 419 家公司中，87 家公司毛利率超过 50%，东方通、我武生物、舒泰神、三六五网 4 家公司毛利率超过 90%。一批创新型企业在竞争中脱颖而出。2014 年收入超过 10 亿元的创业板公司有 99 家，较上年增加 25 家；净利润超过 1 亿元的公司有 135 家，较上年增加 30 家，其中蓝思科技、东方财富、碧水源、华谊兄弟、汇川技术等已经成为具有较强影响力和创新力的企业。

表7　　　　　　　　　　深市三板块研发投入强度及毛利率对比

	创业板	中小板	深市主板
2014 年研发投入强度（%）	5.33	2.73	1.85
近三年研发投入复合增长率（%）	21.88	17.66	4.62
2014 年毛利率（%）	33.12	21.44	19.37

数据来源：《创业板上市公司 2014 年度经营情况分析报告》。

2014 年度，创业板 446 家公司中绝大部分公司（占比 85.4%）实现了营业收入的同比增长，其中，152 家公司（占比 34.1%）营业收入同比增长超过 30%，62 家公司（占比 14%）营业收入同比增长超过 50%。涌现出了上海钢联、三聚环保、华策影视、欣旺达等一批大型（收入规模超过 10 亿元）高成长公司（同比增长超过 100%）。从利润增长情况来看，有 309 家公司同比增长，占比 69%，增长公司比例较 2013 年上升 11 个百分点。其中 103 家公司（占比 23%）增长超过 50%，60 家公司（占比 13%）增长超过 100%。涌现出了蒙草抗旱、掌趣科技、三聚环保、美亚柏科等一批具有相当利润规模（净利润 1 亿元以上）的成长型公司（净利润同比增长超过 50%）。亏损公司数量由 2013 年的 20 家减少到 12 家，亏损金额由 2013 年的 14.8 亿元下降为 13.6 亿元，仅吉锋农机和星河生物两家公司连续两年亏损。

从板块整体情况来看，2014 年度创业板公司营业收入和利润增长速度为近三年来最高，显示出加速增长的态势；而从披露 2014 年度报告的 419 家公司的情况来看，创业板公司 2014 年营业收入和利润同比分别增长 26.68% 和 21.63%，在深市三个板块中保持领先地位。

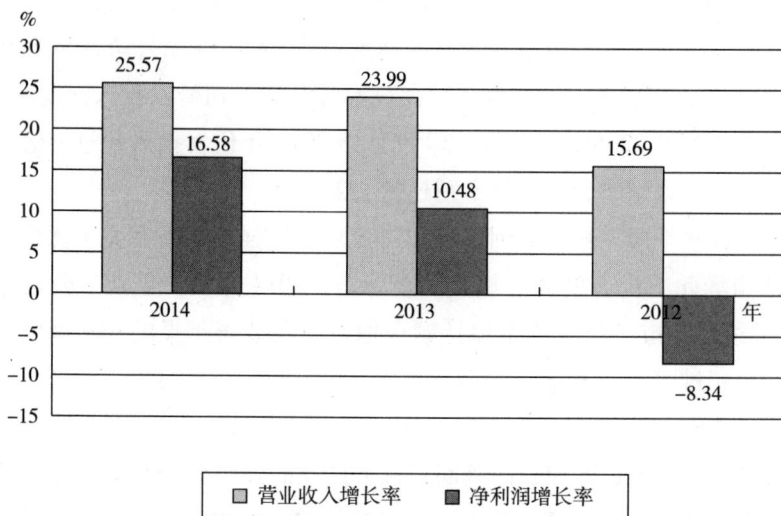

数据来源：《创业板上市公司 2014 年度经营情况分析报告》。

图 11 创业板公司近三年来的成长性对比

创业板 446 家公司中，战略新兴产业公司有 316 家，占比 70.8%。这些公司 2014 年度实现净利润合计 301.6 亿元，占整个板块的比例为 71.7%。披露 2014 年度报告的战略新兴产业公司 2014 年度研发投入合计为 152 亿元，研发投入强度为 6.25%，高于板块平均水平；战略新兴产业公司成长性也明显高于创业板的整体水平，创业板着力支持战略新兴产业发展的作用在 2014 年度得到进一步显现。

表 8 2014 年创业板主要行业业绩对比

行业	公司家数（家）	2014 年实现净利润（万元）	2014 年净利润同比增长率（%）	2013 年净利润同比增长率（%）
广播电影电视业及文化体育业	6	249818	34.9	51.6
计算机、通信设备制造业	63	621153	4.2	36.0
生态环保业	6	125815	19.4	34.3
科研和技术服务业	8	82372	6.79	25.6
仪器仪表制造业	21	159795	12.2	9.8
通用设备制造业	24	244436	19.6	9.7
互联网和相关服务业	9	140882	26.1	9.7
专用设备制造业	52	366638	2.3	9.0

续表

行业	公司家数（家）	2014 年实现净利润（万元）	2014 年净利润同比增长率（%）	2013 年净利润同比增长率（%）
软件和信息技术服务业	65	607490	29.1	8.9
化学制造业	29	208341	21.6	4.1
医药制造业	31	391076	17.7	3.4
电气机械和器材制造业	42	348916	16.6	−0.7
橡胶和塑料制品业	13	78032	15.1	−13.0
非金属矿物制品业	14	73231	2.7	−13.8

数据来源：《创业板上市公司 2014 年度经营情况分析报告》。

表 9 创业板战略新兴产业公司 2014 年度创新及成长指标

项目	战略新兴产业	创业板
销售毛利率（%）	34.0	33.1
研发投入占营业收入比例（%）	6.25	5.33
营业收入同比增长率（%）	30.86	25.57
净利润同比增长率（%）	22.87	16.58

数据来源：《创业板上市公司 2014 年度经营情况分析报告》。

表 10 创业板公司创投投资情况统计（截至 2015 年 5 月 20 日）

项目	数量
获得创投机构投资企业家数（家）	136
累计初始投资（万元）	326665.24
累计初始投资股数（万股）	114830.31
调整后的累计初始投资股数（万股）	330063.38
按市值计算的初始投资金额（万元）	11657339.44
增值倍数	35.69

数据来源：深交所。

　　股份转让系统（以下简称全国股份转让系统）即新三板，是经国务院批准设立的全国性证券交易场所。全国中小企业股份转让系统有限责任公司（以下简称全国股转公司）是新三板的运营机构，于 2012 年 9 月 20 日在国家工商总局注册，注册资本为 30 亿元，注册地在北京，2013 年 1 月 16 日正式揭牌运营。新三板定位于非上市股份公司股票公开转让和发行融资的市场平台。截至 2015 年第一季度末，新三板挂牌企业 2150 家，总股本为 919.16 亿股，总市值为 9622 亿元，平均股本 4275 万股，平均市值为 4.48 亿元。从交易情况来看，2014 年全年交易量达到 22.82 亿股，成交金额达 130.36 亿元，是 2006 年至 2013 年累计成交额的 3.75 倍，2015 年第一季度成交量和成交额分别为35.17亿股和285.57亿元。从融资情况来看，2014年定向增发327次，发行金额为129.99亿元，2015年第一季度定向增发216次，发行金额为78.14亿元。

区域性股权交易市场（以下简称区域性市场）俗称"四板"。自2012年8月中国证监会发布《关于规范证券公司参与区域性股权交易市场的指导意见（试行）》以来，在地方政府积极推动下，地方性国有资本、证券公司、沪深交易所以及民间资本等多种形式的社会资本广泛参与，形成了区域性市场建设的热潮。截至2014年底，全国31个省市自治区以及5个计划单列市共注册成立33家区域性股权交易市场。其中四川、西藏合设1家，辽宁、山东、福建、天津各设2家，广东（含深圳）设立3家，另有20个省市区各设1家，云南、宁夏、河南尚在筹建中。

目前，区域性市场已经基本确立了融资为主，交易为辅，整合区域金融要素为小微企业提供全面服务的运行模式。据统计，在已经运行的33家四板市场中，挂牌股份公司合计超过3000家，总市值近3000亿元，托管企业近5000家，展示企业近2.5万家。各市场通过私募股权、股权质押、私募债等多种方式累计帮助企业实现融资1800亿元。四板市场对小微企业的支持作用不断显现。

多层次资本市场的发展与创业投资的发展相辅相成。2004—2013年，我国创业投资机构从304家增长到1095家，资本总额由617.5亿元增长到3573.9亿元。截至2013年底，我国创业投资累计投资项目12149个，投资总额为2634.1亿元，其中高新技术项目数6779个，投资总额为1302.1亿元。政府引导基金[①]的支持也是创业投资业快速发展的重要原因。

表11　　　　全国创业投资机构总量、管理资本总额（2004—2013年）

年份	2004	2005	2006	2007	2008	2009	2010	2011	2012	2013
机构总数（家）	304	319	345	383	464	576	720	860	942	1095
比上年增加（家）	-11	15	26	26	81	112	144	140	82	153
同比增长（%）	-3.5	4.9	8.2	11.0	21.1	24.1	25.0	19.4	9.5	9.5
管理资本（亿元）	617.5	631.6	663.8	1112.9	1455.7	1605.1	2406.6	3198.0	3312.9	3573.9
比上年增加（亿元）	1.0	14.1	32.2	449.2	342.8	149.4	801.5	791.4	114.9	261
同比增长（%）	0.2	2.3	5.1	67.7	30.8	10.3	49.9	32.9	3.6	7.9

数据来源：科技部火炬中心。

---

① 广义的引导基金包括科技型中小企业创新基金、创业投资引导基金以及产业发展引导基金等政府设立、市场化运作的政策性基金。狭义的引导基金主要指创业投资引导基金。本文采用狭义定义。

（三）一级市场不出清和二级市场炒作问题制约了服务能力

我国多层次资本市场体系已从无到有、从有到全、从全到强，取得了长足进步，在聚集优质企业、支持科技创新、助推新兴产业上作出了巨大贡献。但受制于一级市场不出清和二级市场过度炒作问题，我国资本市场服务创业创新和新兴产业的潜力还远未充分发挥。

第一，一级市场不出清问题。从通道制到核准制，我国场内市场的发行上市速度，并不能充分满足实体经济的需要，拟上市公司"堰塞湖"问题长期存在，用经济学术语即一级市场不出清。一级市场不出清，不仅让我国科技创新型企业缺少一个足够通畅、稳定的上市渠道，让投资科技创新的资金不能实现完整循环，而且也得不到一个较均衡的 IPO 发行价格，并且难以判断是由于供不应求导致 IPO 发行价过高，还是由于行政管制导致 IPO 发行价过低。

第二，二级市场过度炒作问题。作为新兴市场，A 股有阶段性炒作现象本不可避免。并且我国金融环境中还存在一些可能加剧炒作问题的因素，例如，（1）利率尚未充分市场化，居民理财渠道有限，除股市短期投资外，中小额资金不易通过其他金融渠道跑赢货币贬值，股市因此集中了大量短期资金；（2）不均衡的一级市场价格进入二级市场后，可能成为二级市场新炒作点之一；等等。A 股过度炒作的问题尚未有效解决。

一级市场不出清与二级市场过度炒作问题的叠加，首先会加剧企业和投资者的行为短期化，如企业冲关上市；投资者不关心企业基本面，而是千方百计打探"内幕"信息、预测"托市"政策；等等。企业和投资者的种种短期化行为，符合其个体理性，但从整体后果来看，却不利于真正脚踏实地的、优秀的科技创新型中小企业脱颖而出，甚至导致投资成为零和甚至负和博弈，并不符合集体理性。其次会让价格信号被混入过多的制度性偏差和人为误导，导致价格信号失真、资本市场定价功能紊乱。市场定价功能的紊乱会进一步导致市场引导资源配置功能的紊乱，使资本市场服务实体经济的作用不能健康、充分、持续地发挥。

要解决一级市场不出清与二级市场过度炒作问题，已经或将要开展的工作包括（但不限于）：（1）实施注册制；（2）优化企业展示、路演和信息披露方式；（3）加强对科技型投资者的服务；（4）加强对败德主体的惩戒；等等。通过系统性的制度改革和工作方法优化，我国资本市场在服务创业创新、助推新兴产业上还有巨大的潜力可以发挥。（未完待续）

责任编辑：董新兴

助理编辑：黄欣颖

普惠金融组织体系建设的相关政策与路径思考

——以山东省为例

安强身 于 涛[①]

【摘要】全球经济发展不确定因素增多、国内经济"三期叠加"形势下，金融业亟待加快供给侧结构性改革，有效服务实体经济。在传统金融组织金融服务供给不足的情况下，急需发展普惠金融组织，构建普惠金融组织体系。规范发展普惠金融，需要制定规划，要运用专项引导基金等不同的财政、税收政策促进普惠金融组织发展；要建立监管工作协调机制，发挥地方金融监管主导作用，通过常规监管与行业自律，防范非规范运营风险；要进一步加大互联网技术推广与应用，扩大金融服务覆盖面，引导各类金融服务机构对农村和偏远地区加大金融服务供给；要不断建立健全普惠金融信用信息体系，地方监管部门要督促各类非正规金融机构公开披露必要的经营信息和财务信息，减少信息不对称。

【关键词】普惠金融 金融风险 金融监管 信息披露

On The Related Policy and Path about Construction of Organization System of Inclusive Finance：Based On the Shandong Province

An Qiangshen Yu Tao

Abstract：In the situation of the uncertainties of global economic development increase and the "three superposition" in domestic economy, the financial industry needs to speed

---

① 【作者简介】安强身（1972— ），男，山东新泰人，金融学教授，资本市场创新发展协同创新中心研究员，济南大学商学院金融系；于涛，济南大学商学院金融学硕士研究生。

up the structural reform of the supply side to effectively service to the real economy. In the case of insufficient supply of financial services in traditional financial organizations, it is urgent to develop Pratt & Whitney financial organizations to build Pratt & Whitney financial organization system. Standardize the development of Pratt & Whitney Finance, we need to develop planning and use special guide fund and other different financial and tax policies to promote the development of the organization; To establish a regulatory coordination mechanism to play the leading role in local financial supervision, and through conventional supervision and industry self – discipline, to prevent non – standard operating risks; To further increase the promotion and application of Internet technology, expand financial services coverage, and guide all kinds of financial services institutions to increase the supply of financial services to rural and remote areas; To constantly establish and improve the Pratt & Whitney financial credit information system, and local regulators need to urge all types of informal financial institutions to disclose the necessary business information and financial information to reduce information asymmetry.

Keywords: Pratt & Whitney Finance   Financial Risk   Financial Supervision Information Disclosure

普惠金融有利于促进我国金融业可持续均衡发展，推动大众创业、万众创新，助推经济发展方式转型升级，增进社会公平与社会和谐。现阶段国家高度重视发展普惠金融，不断出台相关政策支持普惠金融的发展。实现普惠金融宏伟目标必须不断创新普惠金融组织体系，增加普惠金融服务供给。对于金融资源匮乏、需要加大金融服务的地区来说，普惠金融组织的可持续发展更是尤为重要。普惠金融组织的可持续发展是长期提供金融服务的基础，没有组织的长期持续发展，根本谈不上金融服务的供给。

随着山东省经济总量不断扩大和经济结构不断优化，社会经济发展对金融服务需求快速增加，传统金融组织的金融产品和金融服务供给不足问题日益明显。从山东省普惠金融市场的供需来看，普惠金融市场的改革方向应主要从供给方着手，加强对普惠金融组织的建设，对普惠金融组织制度以及经营手段进行创新，实现普惠金融组织的跨越式发展，在保证总量和业务覆盖面的同时，不断增强可持续发展能力，提高信贷资金效率。从目前山东省整个普惠金融组织体系、金融生态环境以及具体的普惠金融组织来看，要维持普惠金融组织的可持续发展仍然有许多不足之处，需要不断改革和发展，以及多方的配合才能实现普惠金融组织的可持续发展。本文认为，发展普惠金融，完善普惠金融组织体系，需要制订规划，出台支持普惠金融组织发展的相关法规和政策，通过设立专项引导基金等不同的财政、税收、减免和补偿政策激励、促进普惠金融组织发展；需要建立监管工作协调机制，形成地方金融监管体系，通过常规监管（如必要的报备，定期与不定期检查等）与行业自律（成立行业协会），有效防范普惠金融组织非规范运营的风险；同时，需要进一步加大互联网技术推广与应用，扩大金融服务覆盖面，充分利用网络、大数据技术，引导各类金融服务机构将更多金融产品和金融服务供给到农村和偏远地区；需要不断建立健全普惠金融信用信息体系，加快小微企业和农民信用档案和公共信用信息平台建设，减少信息不对称，降低普惠金融组织运行风险。

一、健全普惠金融组织发展政策

普惠金融作为全国上下鼓励发展的新型金融，补充了现有的金融体系，提高了金融服务的覆盖率、可得性和满意度，促进了经济发展，有利于全社会金融资源合理配置。对于普惠金融的发展，需要政府出台相关政策进行大力培育和积极支持。

普惠金融组织的发展需要有法律的保障和宏观政策的支持，要有多层次的金融机构准入制度与普惠金融特殊的特征相对应。虽然普惠金融不同的组织形式在我国出现较早，但是我国大规模发展普惠金融也只有近4年的时间，相关法律和政策还不健全，普惠金融组织的准入制度在村庄和县镇中基本一致，注册、经营、服务等方面的条件还未明确。2016年，山东省出台了《山东省地方金融条例》，这是全国首部地方性金融监管法规。《山东省地方金融条例》对地方金融服务、金融发展、金融监管、法律责任等作了规定，将"一行三局"监管之外的地方金融组织纳入调整的范围。根据该条例，地方金融组织是指依法设立，从事相关地方金融活动的小额贷款公司、融资担保公司、民间融资机构、开展权益类交易和介于现货与期货之间的大宗商品交易场所、开展信用互助的农民专业合作社和私募投资管理机构等。也就是说，《山东省地方金融条例》可以作为发展普惠金融的法律依据。建议由山东省金融办牵头，联合山东省政府、山东银监局、人民银行济南分行、山东证监局、山东保监局组成跨部门机构，共同制定《山东省普惠金融组织发展规划》，将普惠金融的基本含义、原则、形式等明确界定，提出山东省普惠金融组织发展的总体要求，界定普惠金融组织的各种形式、所包含机构类型，对各类普惠金融组织的准入条件、服务模式和运营规则进行详细说明，对如何完善普惠金融的基础设施建设、如何优化普惠金融组织发展的法律环境进行说明，充分发挥政策的引导作用。

此外，应加大财税政策支持力度。改革涉农资金投入方式，发挥财政资金杠杆作用，加强财政与金融配套联动，综合运用风险补偿、贷款贴息、保费补贴、奖励补助等多种手段，加大金融对"三农"的投入。山东省要落实专门服务于中低收入群体、"三农"以及小微企业的普惠金融组织的定向费用补贴和县域普惠金融组织涉农贷款增量的奖励政策，实施小额贷款税收优惠、小额担保贷款贴息等政策，对于四种金融组织类型，我们分别给出具体的政策方面的建议。

民间金融组织的高度自由性和地缘性，民间金融法律、法规和监管机制的不健全以及民间金融组织运作机制不规范等原因使得民间金融组织的持续发展和创新不断受阻。自2011年以来，山东省不断规范民间金融组织的发展，成立民间资本管理机构、民间融资登记服务机构等规范化的机构来引导民间资本有效流通，结合山东省民间金融组织的发展现状，我们针对民间金融组织提出以下三点政策方面的建议。

第一，明确民间金融组织的合法地位。山东省在颁布的政策中，要从法律上明确承认民间金融组织的合法地位，对民间金融参与者的权利与义务进行规定，明确受保护的民间金融的范围、利率、金额和交易方式。指定政府某一部门提供合同的标准格式，引导民间金融参与方采用标准的书面形式订立合同，政府指定公益部门从事相关咨询、指导和协作工作。指定或是成立相应的机构受理权益纠纷，详细规定民间金融组织利益纠纷的法律解决途径，硬化民间金融组织的制裁措施，弥补民间信用机制约束的无力感。

第二，放宽市场准入制度。目前，山东省规定民间资本管理公司的注册资本不低于3000万元，且为实收资本，必须一次足额缴纳等一系列高准入条件，限制了相当一部分的民间资本进入民间金融组织。另外，普惠金融机构的准入制度基本一致，在县镇中设置金融机构和在村中设置的准入标准并无差别，同样的准入门槛促使金融机构远离金融资源较少的村落，向乡镇或是城市发展。建议山东省在不违背国家政策前提下适当放宽民间金融组织的市场准入制度，针对经济发展程度不同的地区设立差别化准入制度，放松对民间金融组织的准入限制并给予政策扶持和引导。对于民间借贷公司等专业化形式的民间金融组织，只要股东、资本金、经营资格等条件符合法律规定的标准，遵循一定的行为准则和行为规范，政府原则上就可以为其进行注册登记、颁发经营许可证，允许开业。

第三，扩大抵（质）押物范围。在山东省试点的"三权一房"（农村土地承包经营权、股份经济合作社股权、林权和农民住房）的基础上，继续扩大试点区域。同时扩大贷款抵（质）押物的范围，凡不违反现行法律规定、权益清晰、风险可控的各类动产、不动产和用益权，各贷款类金融机构均应允许作为贷款抵押物。研究制定《农村土地承包经营权抵押贷款试点管理办法》，规范开展农村土地承包经营权抵押贷款业务。按照山东省人民政府办公厅关于贯彻《引导农村产权流转交易市场健康发展的实施意见》（国办发〔2014〕71号），积极引导农村产权流转交易市场健康发展，健全配套的评估机制，提高抵押物的流动性。

小微金融组织主要以小微经济体为服务对象，功能定位也更贴合小微经济体，能为其提供差异化的金融服务。从山东省的情况来看，小微金融机构规模较小、数量较少、发展也不完善，无法满足小微经济体的资金需求。小微金融组织的发展更需要从政策层面进行规范和支持，以维持小微金融组织的可持续发展。

第一，放宽市场准入条件，优化小微金融组织股权结构。小微金融机构由于立足于当地，对小微经济体的需求情况以及信用状况都比较了解，一方面可以降低对抵押品的依赖，简化借贷审批程序，提高金融服务效率，另一方面又可以根据小微经济体的需求提供相应的金融产品和金融服务。建议适度降低小微金融机构的注册资本限制，允许小额贷款公司增资扩股，优化股权结构，在现有的小微金融机构准入条件基础上，可以在单一自然人等（除主发起人）持股比例不得超过15%的基础上再适当放宽，适当放宽法人股东的地域限制，只要保证主发起人的本地化，其他的法人股东可以放宽地域限制，引导更多的民间资本进入金融体系，鼓励民进资本参与新型金融机构。

第二，加大政府对小微金融组织的扶持力度。政府加大政策扶持力度，对小微金融机构给予一定的政策优惠，协调税务部门，允许小微金融组织以银行、农信社等金融机构的纳税标准纳税，例如减免税收；在一定时间段内减免小微金融机构的印花税，税前扣除小微金融机构的贷款损失准备金；或是对小微金融机构进行一定的补贴，鼓励新型金融机构的建设，对新设立的小微金融机构进行奖励。在发生纠纷，需要法律诉讼时，法院应对小微金融组织的借贷纠纷案件以"金融借贷纠纷"立案，允许其在保全时以自己的资信提供担保。

互联网金融是真正意义上的普惠金融，互联网金融去中介化的本质和能够消除信息不对称以及能够提供金融市场中长尾部分的需求，使得普惠金融有了普惠的可能性，目前国家归于互联网金融的发展高度重视，不断出台相关的政策进行鼓励和支持。山东省作为经济大省，互联网金融的发展相对滞后，没有有影响力的互联网金融平台，而且一直是互联网金融平台风险爆发的重灾区，山东省迫切需要加快发展互联网金融产业的发展，优化互联网金融组织，提高互联网金融服务质量。

山东省在政策方面要加大对互联网金融的扶持，适当放宽互联网金融企业在省工商部门注册登记标准，对符合条件的企业颁发营业执照，简化并优化互联网金融企业注册登记的业务流程。对在山东省内注册的、经营较为规范、行业影响力强的互联网金融企业进行支持，允许其在高新技术企业、技术先进性服务企业等方面进行认定。鼓励符合条件的互联网金融企业在主板、创业板等资本市场上进行融资，充分利用山东省股交中心和蓝海股交中心优势，鼓励互联网金融企业挂牌。

在财税方面，互联网金融机构享受地方税收优惠政策，对于互联网金融机构设立落户的资金奖励以及购置办公用房、业务发展等的资金支持，政府应积极打造互联网产业园区，划定园区用地，对于落户的互联网金融企业给予 2 年租金减免的优惠政策。对于已经成立且发展规范的互联网金融企业从财政划拨专项资金给予房租补贴。对于成功在主板、创业板、中小板以及境外上市的互联网金融机构给予一次性奖励，同样，对于在新三板挂牌的互联网金融机构也可给予一次性奖励。

合作金融组织具有信息对称、低风险、低成本等优势，是普惠金融较理想的组织模式，发展合作金融组织是山东省解决小微经济体融资难问题的有效方式。2014年，山东省向国务院上报了《新型农村合作金融改革试点工作方案》并获得国务院同意，成为全国唯一新型农村合作金融改革试点省份，2015 年正式启动。如何促进合作金融组织的进一步发展，是今后改革的重点。

合作金融要明确规定以行政村或是社区为经营的地域范围，资金总额也不能超过一定的额度，对于有需要的可适当扩大地域范围至乡，资金规模也不能过多，以保证合作金融的优势。另外，合作组织不可吸储，资金主要来源于社员，属于弱势群体的联合，资金来源可能不能满足社员的需求，发展潜力受限，建议允许当地小工商户通过入股加入合作金融组织，但应控制好比例，可以规定单个社员存放资金额不得超过同期合作组织资金总额的 20%，以防操控或是经营问题。

对于合作社的社员资格，在政策方面也要进行严格限定。参与合作金融组织的社员居住地和注册地应严格限定在合作金融组织所在的村镇或社区。社员加入后，一年内不能通过合作金融组织进行资金存贷，先对组织的运营模式等进行了解和参加培训，合作金融组织的理事长应具有合作金融组织社员资格一年以上，具有一定的声望，信誉良好。对不适合社员的权利范围也要进行限制，有的社员可能会随着住址等的变化不符合入社资格，应对其权利范围进行明确限制。不适合社员有权享有从合作金融组织获取金融服务的权利，主要是获得信贷资金，但是应对该权利进行限制，并作出明确规定。不适合的单个社员可从合作社内贷款，但是贷款额度不能超过该社员所占股份价值的贷款。若该社员有其他社员对其进行担保，则可贷款额度可放宽至该社员自身持股价值加上共同担保社员持股价值的 10%。

二、成立专项引导基金

普惠金融主要服务于广泛的、征信少、盈利能力差的中低收入群体、"三农"以及广大小微企业，对于普惠金融组织来讲，这就意味着存在更大的风险、更低的收益和更差的效率。普惠金融组织必须提高贷款利率或是服务费用才能保证自身盈利，来维持组织和服务的可持续性，但这种做法完全违背了普惠金融的本意。盈利能力较强、实力雄厚的大银行、大金融机构所放弃的中低收入群体、"三农"以及广大小微企业，让盈利能力和资本基础差的小型企业去提供服务，难度可想而知。现在社会上所推崇的普惠金融组织运营模式往往是在牺牲风控水平和保障措施的情况下，对中低收入群体、"三农"以及广大小微企业采用的纯信用授信，这就很难防范操作风险和道德风险。长此以往，收益必然将难以覆盖成本而倒闭，只有那些不以盈利为目的的机构才能持续发展。因此，要大力发展普惠金融就要根据山东省的实际情况，对各种普惠金融组织的最高利率水平进行限制，扩大普惠金融服务范围。要维持普惠金融组织持续发展，能持续地提供金融服务，就必须采取一定的措施解决普惠金融组织承担的风险，在政府规定各种组织的最高利率水平和服务费用之后，势必导致普惠金融组织的收益水平降低，坏账率逐步攀升，最终难以持续发展。为了解决这一问题，必须由政府付出足够的成本和资金来推动普惠金融的发展。

2015年2月4日，山东省正式创立了资本市场发展引导基金以及鲁信集团鲁信资本市场发展股权投资基金、齐鲁证券齐鲁天使投资基金两只子基金。由山东省财政出资2亿元引导，并由鲁信集团和齐鲁证券分别配套运作，形成10亿元以上规模的股权投资引导基金。随着资本市场发展引导基金等13只省级股权引导基金的陆续成立，为全省中小微企业借助区域市场资源聚集优势，解决融资问题发挥重要作用；2015年4月，山东省首家市级种子基金——齐鲁股权交易中心普惠金融市级种子基金产品落地泰安，第一期股权质押增信宝产品将共同出资1000万元，将引导1亿元资金面向当地中小微企业进行集中授信。2016年12月，山东省财政厅印发了《山东省新兴产业发展引导基金管理实施细则》，对引导各类资本，助力金融普惠，推动全省产业转型升级和新兴产业加速发展具有重要作用。

第一，设立融资担保基金。通过融资性担保公司的增信，中低收入群体、"三农"以及广大小微企业获得贷款资金的概率大大增加，但是伴随而来的是融资性担保公司承担大量的呆坏账。中国目前没有建立统一的政策性融资担保体系，现在的担保公司大多是民营资本成立的，这就形成了现在的担保公司大都以追求利润最大化为目标，保本利均是其最基本的要求。尽管目前政府对融资性担保公司给予相当大的优惠政策，但是严格的控制和监管造成的成本，以及小微经济体的大量不良贷款使得融资性担保公司所享受的优惠基本上不存在。提高小微信贷的担保费率不仅违背普惠金融的原则，也偏离了融资性担保公司的出发点。鉴于此，建议山东省充分发挥政府的作用，尽快增加由政府出资设立的服务中低收入群体、"三农"以及广大小微企业的融资性担保公司，为小微经济体提供担保而产生的不良贷款由政府直接买单。另外，应成立融资担保基金、设立中小微企业融资性担保代偿补偿资金、为中低收入群体、"三农"以及小微企业提供政府出资建立重点支持中低收入群体、"三农"以及广大小微企业的省级再担保机构，对融资性担保机构开展的"三农"、创业创新和文化类等中小微融资担保业务给予风险补偿，提高担保代偿能力。

第二，设立专项引导基金。建立涉农信贷风险补偿基金。鼓励各级财政出资设立涉农风险补偿基金，落实风险责任分担，承担政府在涉农贷款中应该承担的风险损失以及超过保险公司赔付额的损失。设立互联网金融发展基金，一部分由财政拨款，另一部分通过政府引导，市场化运作，吸收社会资本参与。通过政策支持，鼓励风险投资、风险补偿等方式孵化、培育互联网金融企业，提高互联网金融企业的公信力，增强抗风险能力。另外，政府每年从政府的财政预算中划拨一部分资金专门用于吸收普惠金融组织运营中出现的非自身经营原因导致的坏账，减少普惠金融机构的损失，进一步扶持全省普惠金融组织。

第三，成立产业投资基金。以国家发展改革委印发的《政府出资产业投资基金管理暂行办法》（财金规〔2016〕2800号）和山东省财政厅印发的《山东省新兴产业发展引导基金管理实施细则》为指导，更好地发挥财政资金的引导作用，鼓励社会资本进入产业投资领域，支持社会资本发起设立产业投资基金。在引导基金的资金来源上，一是建立支持创业投资企业发展的财政性专项资金，二是引导个人、企业、金融部门等各类社会资本。在引导基金的管理模式上，成立引导基金管理委员会（或投资决策委员会）作为基金的最高投资决策机构，行使引导基金决策和管理职责。在引导基金的管理方式上，要成立独立的事业法人主体作为基金的管理机构，成立引导基金管理公司或者由公司制引导基金自行管理，也可委托地方国有资产经营公司、地方国有创投企业或政府投资平台公司负责引导基金的管理运作。

三、完善金融监管

普惠金融的本质仍然是金融，金融本身所具有的风险隐蔽性、广泛性以及突发性就不可避免，加强对普惠金融的监管，是促进普惠金融持续、健康发展的内在要求。现阶段，新型金融组织归地方金融监管，地方监管部门负责制定地方监管规则、审批新型金融组织、组织年审和分类评级等。因此，地方金融监管具有很大的主动性，这也是地方金融组织健康运行的关键。2016年3月30日，山东省颁布《山东省地方金融条例》（以下简称《条例》），自2016年7月1日起施行。作为国内首部地方金融监管的法规，《条例》将地方金融的监管事项、监管办法都进行了明确规定，但是对于各类金融组织的监管细则并没有规定。结合山东省普惠金融发展现状，完善金融监管应从以下几方面入手：

第一，强化对普惠金融组织的现场执法检查，全年开展非法集资专项排查、P2P 企业风险检查、小微金融组织年度的监管评级等的定期不定期检查。积极开发非现场监管系统，通过互联网将地方金融的监管数据纳入监管系统，进行实时分析、实时监管。民间金融组织中，对于严格注册登记的小微金融组织，可由地方金融监督管理局对小微金融组织实行年审，由省金融监督管理局对小微金融组织按照统一的标准进行评级，对小微金融组织实行优胜劣汰机制，对评级结果较好的小微金融机构优先实行政策扶持，对评级结果较差的组织实行重点监管，限制经营等方式督促整改，情况严重的可取消其试点资格，并由工商部门负责吊销其营业执照；对于容易爆发风险的互联网金融，监管部门应主动学习信息监测和分析技术，将现在的报告式和节点审查模式转变为动态、运行数据信息挖掘，充分利用互联网技术和大数据，构建综合监管数据平台，实现新模式的监管。对于合作金融组织，建议由地方金融监督管理局对其进行资格认定和监管，合作金融组织的发起者应首先向地方金融监管局提交申请，审批之后获得资格认定书，再向当地的工商行政管理部门进行注册后方可开展活动。另外，应建立信息披露和社会监督制度。金融合作组织要按季将资金使用情况向社员进行公布，并向地方金融监管部门报送相关财务报表数据。监管部门要将信用互助业务试点的监督举报方式向社会公布，及时受理投诉举报，并将处理结果予以公布。进行评级，实现优胜劣汰机制。加大培育评估、审计等专业的中介机构，建议由省金融办、山东银监局、人民银行济南分行、省农业厅、省供销社负责制定统一的评价指标体系，对合作金融组织进行评级实行优胜劣汰机制，对评级结果较好的合作金融实行优先发展等优惠政策。

第二，加强金融信息监测。随着大数据、互联网金融的不断发展，获取的客户资料不断增加，用户信息的安全性就变得尤为重要，监管部门更要严格监管用户信息的安全性，以立法的形式明确金融机构通过互联网获取用户的个人电子资料、网络使用行为和痕迹等信息，并进行严格监管，防止信息泄露，保证用户信息安全。地方金融监管部门应开展地方金融组织、相关企业的信息采集、整理和公布等工作，充分利用大数据平台技术，整合金融行业客户的信息，并加强与相关行业信息数据交换与整合，与征信系统等其他的信用信息平台相连接，建立地方金融数据监测平台，运用专业技术，挖掘规律性、系统性信息，对金融机构的客户风险、金融机构的运行风险进行及时预警，进而提高监管部门的监管效率。

第三，建立监管工作协调机制，形成地方金融监管体系。建立普惠金融组织规范管理试点工作联席会议制度，其中包括各地金融办、财政局、人民银行分行、地方银监局和地方监管部门等，由金融办牵头召开联席会议，协调解决普惠金融组织管理工作中遇到的问题，同时也可避免多头监管或是监管真空。监管不是仅仅设立地方监管机构，要积极建立金融法庭、组建金融犯罪侦查大队、金融仲裁员等，确保司法保障；成立地方金融监管协调小组，由省领导作为协调小组组长，协调推进地方金融监管工作。另外，与驻地中央金融监管部门协调配合，积极配合驻地中央金融监管部门，做好评估和处置工作，防范系统性、区域性风险。

四、应用数字金融技术，扩大金融服务覆盖面

G20 杭州峰会通过的《G20 数字普惠金融高级原则》提出八大原则，原则一就是：倡导利用数字技术推动普惠金融发展。促进数字金融服务成为推动包容性金融体系发展的重点，它包括采用协调一致、可监测和可评估的国家战略和行动计划。用国家金融与发展实验室理事长李扬的话说，所谓的数字普惠金融简单地说就是中文语境下的"互联网金融"。随着通信技术的迅速发展以及"互联网＋"时代的到来，普惠金融越来越呈现出数字化特征。近年来，山东以农村为重点，不断深化支付体系等金融基础设施建设，强力推进农村支付服务环境建设。2012 年 7 月末，实现全省所有行政村金融基础设施全覆盖；2014 年 3 月末，实现所有行政村银行卡助农取款服务点 100% 全覆盖；目前，已初步实现所有行政村手机支付全覆盖。山东省在新时期、新阶段更要充分利用现代通讯技术和互联网技术，抓住发展机遇，大力发展普惠金融。

首先，山东省应继续提高互联网普及率，加大对互联网等技术的应用与推广。互联网技术是现代金融业发展的重要驱动力，山东省未来应提高互联网的普及率，不断降低省内上网的费用、互联网接入费用等，降低金融机构互联网方面的运营成本。继续创新云计算、移动互联网技术和大数据在金融方面的应用，支持软件和信息服务企业发展基于大数据的供应链金融、产业链金融和支付增值服务。鼓励金融机构运用大数据、云计算等新兴信息技术，打造互联网金融服务平台，为客户提供信息、资金、产品等全方位金融服务。引导金融机构积极发展电子支付手段，逐步构筑电子支付渠道与固定网点相互补充的业务渠道体系，加快以电子银行和自助设备补充、替代固定网点的进度，提高特殊群体金融服务可得性。

其次，改善支付环境。目前山东省已初步实现所有行政村手机支付全覆盖，移动支付的发展为广大农村尤其是偏远地区人群提供了获得基础性金融服务的新渠道，中国人民银行已发布《非银行支付机构网络支付业务管理办法（征求意见稿）》，山东省可按照中国人民银行颁布的管理办法制定适合山东支付业务管理办法，不断改善目前的支付环境。适当放宽农村及偏远地区的账户开立门槛，偏远地区的农村用

户，受限于通信基础设施、行政管理局限的影响，在数据采集上存在障碍，可以在初期只通过公安网来进行开户验证，适当放宽账户设立门槛。不断开发新的支付指令验证方式，随着移动支付逐渐成为主流和生物识别技术的发展，应不断采用新的便捷安全的支付指令验证方式，并规定通过验证方式的不同和选用验证方式的数量来决定交易的额度。

最后，不断扩大金融服务覆盖面。鼓励更多的金融服务供给主体参与农村金融服务。农村贫困和偏远地区虽然担保品可能达不到金融机构的要求，但是从实践来看，农民的信誉程度较高，金融风险相对较小，贷款损失率低，所以小额信贷市场在农村等偏远地区前景广阔，应引导各类金融服务机构，将更多的金融产品和金融服务供给到农村和偏远地区，帮助农村贫困人口走向脱贫致富。继续扩大乡村金融服务站、农村金融综合性服务中心等服务于农村金融的形式和试点范围，办理金融业务，普及金融知识，为金融机构和中低收入群体、"三农"以及广大小微企业之间对接创新和搭建新的平台，逐步完善农村金融服务基础设施的建设，支持农村支付服务市场主体多元化发展。

五、建立健全普惠金融信用信息体系

信用制度是保证金融体系正常运行的重要制度，征信制度的建立是金融机构降低风险和民间资本进入正规融资体系的重要制度保障。目前，普惠金融组织主要依托地缘的信用信息优势，但是这一优势会限制普惠金融组织的不断扩大、发展。构建征信体系成为发展普惠金融的必然要求，山东省政府应高度重视社会信用制度建设。

首先，进一步完善社会信用体系建设工作机制。随着《征信业管理条例》《山东省社会信用体系建设工作方案》《山东省社会信用体系建设规划（2015—2020年）》的颁布，信用体系建设的政策办法不断完善，国务院也专门成立由中国人民银行牵头的"建立企业和个人征信体系专题工作小组"，负责总体规划和组织协调工作。目前山东省17地市小微企业和农村地区的数据库已经基本建成，之后山东省要建设省域征信服务平台，实现金融机构信贷信息以外信息及外部相关信息的归集和共享。这就需要人民银行济南分行继续发挥牵头部门的作用，加大和工商管理、消费者协会、税务、保险、不动产管理等部门的沟通协调，继续互联共享省法院、省公安厅、省国税、省地税，煤炭、电力等部门的信息，共同建设山东省统一的包括自然人、企业法人、私营企业、合伙制企业在内的征信体系。

其次，加快建立小微企业和农民信用档案，实现企业主个人、农户家庭等多维度信用数据可应用。要继续推动小微企业信用档案建设，从 2006 年开始，山东省组织开展中小企业信用体系建设工作，到目前，山东省小微企业的信用体系建设已初见成效，构建了符合小微企的信用档案，小额贷款公司和融资性担保公司已经大部分接入金融信用信息基础数据库。大力推进农村信用体系建设，健全农村主体信息征集机制，以县为单位建立农村征信数据库，探索完善农村社会成员信用信息标准和采集方式，将农户、农村合作金融、民间金融等现代农业经济主体的基本信息、信贷信息、信用评级信息、主体资产权益登记等信息依法依规纳入农村征信数据库，建立健全农村社会成员信用档案。大力推进信用户、信用村、信用镇建设，扩大农村信贷支持的有效方式，改善农村社会信用环境。充分发挥大数据等先进技术作用。通过大数据和云计算等技术，对海量信息进行筛选和组织，获取小微企业和个人的信用信息并进行信用评级。

再次，建设公共信用信息平台，扩充金融信用信息基础数据库接入机构。建设公共信用信息平台，按照共建共享的原则，整合信用主体的信用信息，并逐步扩大信用信息采集范围，在完善行业、部门公共信用信息系统的基础上，探索先进的建设和运作模式，搭建省内信用信息平台，并与全国信用信息共享交换平台实现互联互通。扩充金融信用信息基础数据库接入机构，2015 年 3 月中国人民银行发布《中国人民银行办公厅关于小额贷款公司和融资性担保公司接入金融信用信息基础数据库有关事宜的通知》，具备条件的小额贷款公司、村镇银行、融资性担保公司等小微金融机构应当接入金融信用信息基础数据库，并明确接入形式和流程等细节问题，为小微金融机构服务优质小微企业提供更加便利的条件。山东省要加快促进小微金融组织接入数据库，同时要扩充民间金融组织、互联网金融机构等组织接入数据库，为普惠金融组织提供完善的信用信息，降低普惠金融服务对象征信成本。

最后，加强信用评级机构建设，设定统一的信用评价标准。加强信用评级机构建设，提高信用评级机构公信力，探索信用评级一体化，提供公正性、权威性和标准化的信用评级服务，实现信用评价结果与信贷服务的有机衔接，健全信息通报与应用机制，形成数据库和网络相结合的信用信息发布平台，鼓励和引导普惠金融组织对信用信息及信用等级评定结果的应用，减少信息不对称，从而降低金融组织的风险。

六、强化信息披露监管，建立监管信息发布系统

美国联邦最高法院大法官布兰代斯·路易斯（Brandeis D. Louis）在他的传世之作《别人的钱：投资银行家的贪婪真相》（Other people' money and how the bankers use it ）一书中曾经写下"阳光是最好的防腐剂，路灯是最好的警察"这一经典名

句。事实上，对于所有金融机构而言，信息披露都是监管的重点与核心。信息披露始终作为规范金融行业发展、保护投资人利益的主要方式存在。没有金融组织充分的信息披露，监管无从谈起；没有监管层面的信息披露，市场交易运行就缺乏基本的信任基石。信息披露不仅是对正规金融的基本要求，对各类非正规金融同样应严格要求。普惠金融组织的健康发展，必须构筑在充分、真实的信息披露基础之上，实行有效监管，保障健康发展。

我们认为，普惠金融组织的信息披露应该包括两部分：一是监管层面的信息披露，二是金融组织自身的信息披露。但是，在我国的监管体系中，长期以来，受制于制度设计以及非正规金融组织自身规范性严重不足，金融组织的主动性信息披露严重缺失；作为主要监管主体的地方金融监管机构受制于人力、物力、技术限制，非正规金融运行、财务等若干信息难以收集，更未实现真正的公开披露。普惠金融组织的服务对象主要是普罗大众，由于金融组织自身流动性、运营不规范引致的风险问题相对更具有范围广、影响力强的特征。诸如P2P网贷以及诸多民间金融组织形式在近年中引致的风险甚至危机问题不断涌现，其中主要的原因正在于这些金融机构披露信息不充分，监管层面难以有效实施监管，普通大众难以有效甄选、比较信息，投资带有盲目性和投机性。

从近年我国不同地区的非正规金融组织运行看，以民间借贷、P2P网贷为代表的部分非正规金融风险不断发生，从泛亚、e租宝、大大集团、中晋资产到上海融宜宝等各类事件，刺激公众神经，金融风险不断发生，对金融监管不断提出挑战。重要的原因除了上述所提及的监管主体不明确、监管边界模糊之外，另一个在于信息严重不对称，非正规金融市场普遍存在的不诚信、不理性、不规范等若干行为、资金以及财务信息难以被有效掌握，信息的缺失导致任何投资者无法获取相关信息，各类诈骗、卷款跑路等事件不仅影响市场投资者信心和行业声誉，隐含的信用风险和流动性风险隐患更严重影响了金融市场秩序和社会稳定，对我国普惠金融组织健康运行危害极大。以"e租宝"为例，平台的标的集中于融资租赁项目，没有计提风险准备金也没有提供融资租赁合同，对于几乎都是千万级别的项目来说极不合理。早在2015年5月，融360联合人大国际学院金融风险实验室推出的网贷评级体系就将"e租宝"评为C－级，提醒投资人要特别谨慎。但由于缺少有效外部监管，"e租宝"利用P2P平台从事非法集资并转移投资者资产，隐瞒虚假债权形成现金流营造虚假繁荣，给投资者带来严重损失。其中既有平台主动性信息作假行为，又与金融监管部门的信息监管缺失直接相关。

基于本文对普惠金融组织的范畴界定，不论是民间金融、合作金融以及互联网金融组织，其具体监管是地方金融监管部门的重要职能。之前难以明确监管主体的互联网金融，也在国务院办公厅印发的《互联网金融风险专项整治工作实施方案的通知》（国办发〔2016〕21号）得以明确，"谁家孩子谁抱走"明确了地方金融监管的职责所在。在不同普惠金融组织的信息披露管理上，我国目前也已经出台了若干全国性或地方性的管理办法。2011年1月，山东省金融办发布《山东省小额贷款公司分类评级管理办法》，其中对小额贷款公司信息披露提出了若干要求；2016年2月，中国基金业协会发布《私募投资基金信息披露管理办法》；2016年8月，中国互联网金融协会发布《互联网金融信息披露——个体网络借贷（征求意见稿）》和《中国互联网金融协会互联网金融信息披露自律管理规范（征求意见稿）》。这些办法和意见的出台，为规范市场信息披露、有效实施信息披露监管奠定了政策和制度基础。但是，上述金融风险的不断显现，也说明问题并未得以有效解决。原因主要在于一是制度仍未健全，缺乏完善的监测系统；二是过程式监管执行不力，重结果的处理，轻过程中的管理和治理；三是在对信息作假行为的打击上，力度不够。因此，在这些文件精神基础上，有效的信息披露不仅要求地方金融监管部门建立完善的监测通报系统，也要建立登记备案制度，强化信息披露监管，严惩信息作假行为，加强虚假陈述打击力度。

第一，针对不同普惠金融组织形式，进一步完善统一、合理、严格的信息披露准则，制定具体的监管办法。信息披露准则是金融组织透明、良性运行和发展的基础。金融组织经营风险的本质决定了信任是行业健康、有序和持续发展的基石，而信息则是信任的基础。对于各类普惠金融组织的运行，投资者基于风险的考虑，要求金融企业提供充分、合规、标准化的信息，希望监管层提供统一、严格的信息，从而实现自身利益的保护。但从目前我国不同普惠金融组织的信息披露看，在严格、统一的标准化信息披露上仍有所欠缺，尤其是在以P2P为代表的互联网金融信息披露上，过去存在平台信息披露多样化，一家平台一个标准，选择性披露现象严重。在2016年中国互联网金融协会出台《互联网金融信息披露自律管理规范（征求意见稿）》后，我国互联网金融平台信息披露有了基本的标准，但信息披露的标准化程度、及时性以及真实性等还存在相当大的差距。市场亟须行业监管部门制定出台统一、严格的信息披露监管办法，并有效执行。

第二，地方金融监管部门要建立完善的普惠金融组织监测通报系统。要建立信息上报制度，利用政府监管机构、互联网金融行业协会、小额贷款行业协会、民间借贷行业协会以及融资担保行业协会等不同行业组织，定期调查统计各类普惠金融机构数量、资金运行等各类经营信息和财务信息；要通过地方金融监管平台，定期或不定期对社会公开上述各类信息，及时进行信息披露，对某些突发事件、风险事件及时对社会公开、提示。在这方面，山东省走在了前面，2016年4月1日公布的

《山东省地方金融条例》明确规定，县级以上人民政府地方金融监管机构应当建立统计分析制度和监测预警机制，定期收集、整理和分析地方金融组织统计数据，对金融风险状况进行评估，并提出相应的监管措施。

第三，建立地方普惠金融组织的登记备案制度。地方金融监管部门要进行摸底排查，对各类普惠金融组织进行详细、准确地登记，监管机构应向合规的各类普惠金融组织发放营业执照并如实备案在册，并通过地方政府监管网站在网上公布；对于无资质或者曾有金融诈骗、违规经营的金融组织及时上网通报。

第四，协同配合行业协会加强对各类普惠金融组织披露信息的监管。在有效收集、统计和公开各类普惠金融组织信息之外，要协同配合其他行业协会，强化 P2P 网贷、小额贷款公司等金融机构自身信息的披露监管。针对互联网金融，要按照中国互联网金融协会10月28日正式发布的《互联网金融信息披露个体网络借贷》标准（T/NIFA 1－2016）和《中国互联网金融协会信息披露自律管理规范》，监督检查是否依照相应标准进行信息披露；以《山东省小额贷款公司管理办法》为基础，制定出台《山东省小额贷款公司年度检验信息披露暂行办法》，监督其公布公司财务会计信息、业务信息以及公司治理情况；同时，进一步强化其他诸如农村资金互助合作社、新型农村合作金融以及部分民间投资、民间租赁等不同普惠金融机构的信息披露监督。

第五，严惩信息作假行为，加强虚假陈述打击力度。针对金融组织或企业自身披露信息虚假陈述问题，应作为地方金融监管层面重要打击的对象，严惩信息作假行为。以 P2P 平台为例，对于平台披露信息的作假问题，监管部门在对平台信息充分收集、分析的基础上，结合投资者调查、市场信息收集，多维对比。对于信息虚假陈述的金融组织，监管层面应及时对外公开相关信息。更为重要的是，地方金融监管机构应在银监会关于《网络借贷信息中介机构业务活动管理暂行办法（征求意见稿）》基础上，对于信息披露细则进行规定，从信息披露主体、内容、披露方式以及披露程度，包括虚假陈述的责任、举证责任等方面进行制度化规定，引导金融组织加强信息披露治理，加大对于信息作假的打击。

参考文献

［1］董晓林，徐虹．我国农村金融排斥影响因素的实证分析——基于县域金融机构网点分布的视角［J］．金融研究，2012（9）：115－126.

［2］何德旭，苗文龙．金融排斥、金融包容与中国普惠金融制度的构建［J］．财贸经济，2015（3）：5－16.

［3］胡金焱，梁巧慧．小额贷款公司多重目标实现的兼顾性——来自山东省的证据［J］．财贸经济，2015（5）：59－71.

［4］焦瑾璞，黄亭亭，汪天都，等．中国普惠金融发展进程及实证研究［J］．上海金融，2015（4）：12－22.

［5］孙国茂．互联网金融：本质、现状与趋势［J］．理论学刊，2015（3）：44－57.

［6］孙国茂．金融创新的本质、特征与路径选择——基于资本市场的视角［J］．理论学刊，2013（6）：35－42.

［7］孙国茂．经济发展中的金融深化研究——山东经济发展中的问题与对策［J］．东岳论丛，2006（1）：85－89.

［8］吴晓灵．有关合作金融发展的认识与政策支持问题［J］．金融研究，1997（2）：10－14.

［9］武锐，胡金焱．小额贷款公司促进小微企业发展了吗？——基于山东省数据的研究［J］．山东社会科学，2015（3）．

［10］谢平，邹传伟．金融危机后有关金融监管改革的理论综述［J］．金融研究，2010（2）：1－17.

［11］邢乐成，羿建华．中国普惠金融体系构建与运行要点［J］．东岳论丛，2015，36（8）：147－156.

［12］杨团．新型农村合作金融：特征及体系——浅议山东省新型农村合作金融试点［J］．银行家，2015（8）．

［13］董新兴，刘坤．劳动力成本上升对企业创新行为的影响——来自中国制造业上市公司的经验证据［J］．山东大学学报（哲学社会科学版），2016（4）：112－121.

［14］周源．互联网金融的普惠特征［J］．中国金融，2014（8）：86－86.

［15］BR互联网金融研究院．互联网金融报告2016［R］．北京：中国经济出版社，2016.

［16］Adams B D W, Canavesi M L. Rotating Savings and Credit Associations in Bolivia. Informal Finance in Low－Income Countries［C］. 2010.

［17］Beck T, Demirguckunt A, Honohan P. Access to Financial Services：Measurement, Impact, and Policies［J］. World Bank Research Observer, 2009, 24（1）：119－145.

［18］Gupte R, Venkataramani B, Gupta D. Computation of Financial Inclusion Index for India［J］. Procedia－Social and Behavioral Sciences, 2012, 37（1）：133－149.

［19］Priyadarshee A 1. Financial Inclusion and Social Protection：A Case for India Post［J］. Competition & Change, 2010, 14（3－4）：324－342.

责任编辑：刘　坤

助理编辑：黄欣颖

区块链技术在个人征信领域应用研究

——基于数字普惠金融视角

【摘要】数字普惠金融的发展使传统个人征信体系已经难以适应日新月异的金融市场。中国个人征信体系以中央银行征信系统为中心，个人征信市场化仍处在初期探索阶段，相比日益增加的金融需求，个人征信存在巨大缺口。传统个人征信模式为网络借贷等有征信需求的新型金融机构提供信息支持更显得捉襟见肘。为弥补传统征信的不足，互联网征信、大数据征信得到广泛研究和试验，但信用信息相互孤立问题、信息安全问题仍然存在，个人非信用信息指标对解释违约行为仍然有待市场检验。本文针对个人征信中征信信息、信用信息共享、隐私保护、征信市场化等问题讨论了区块链技术应用于个人征信的可能性和解决方案。区块链机构对个人征信中的业务环节进行创新，具有降低金融交易信息不对称引发的违约风险、缓解信息共享与隐私保护矛盾的潜力。但区块链技术也存在信息不可更改、不规范使用和其他未知风险，需要监管机构加以密切关注。

【关键词】区块链技术 个人征信 信息共享 信息保护

Application Research of Blockchain in Personal Credit Investigation:
Based on the Perspective of Digital Inclusive Finance

Sun guomao Li meng

Abstract: The development of digital Inclusive Finance has made it difficult for the traditional personal credit investigation (PCI) system to adapt to the rapidly changing

---

①【作者简介】孙国茂，教授、博士生导师，济南大学商学院；李猛，济南大学商学院硕士研究生。

financial markets. The PCI system is centered on the central bank in China, and the market for PCI is still at initial stage of exploration. Compared with the increasing financial needs, there is a huge gap in PCI. The traditional PCI can hardly provide information support for new financial institutions such as P2P lending. In order to make up for the lack of traditional PCI, internet PCI and big data PCI have been extensively studied and tested. However, the problem of isolation of credit information and the problem of information security still exist. Blockchain innovates the business process of PCI, which has the potential to reduce the default risk caused by asymmetric information in financial transactions, and to alleviate the contradiction between information sharing and privacy protection. But blockchain also has other unknown risks, that needs close attention of the supervisory authority.

Keywords：Blockchain　Personal Credit Ivestigation　Information Sharing Privacy Protection

一、引言

在金融体系中，征信是重要的金融基础设施，是中国信用体系建立和信贷交易发展的基础，具有准公共产品、规模经济和正外部性等特点。个人征信的核心作用是通过收集信用信息、信贷交易记录来降低金融系统中的信息不对称，为金融机构有效防范信用风险提供信息支持，从而降低金融机构和投资者的风险暴露。中国人民银行征信系统自2006年建成，为金融机构提高风险管理水平、促进信贷市场健康发展提供了有力支撑，但在发挥征信核心功能、满足数据处理、产品服务快速响应方面存在制度和技术瓶颈，导致个人征信覆盖金融消费者、金融产品以及金融交易的范围缺口较大。征信系统发展滞后已经成为制约中国金融资源配置效率提高的重要原因。

中央银行征信系统金融信用信息数据库采集了个人在商业银行等金融机构、社会安全管理部门、水电燃气等公共事业单位、税务及法院等政府部门散落的相关信息，其中，金融机构的信贷交易记录经常作为评价个人信用风险的核心指标。金融机构可参考个人信用历史记录衡量信用风险、信用额度和信用成本，并最终判断是否提供金融服务。现实中，从开展征信到信用风险评估，再到金融授信的过程存在宏观上和微观上两个方面的信用信息缺失的矛盾。尤其是从宏观上看，传统征信体系难以覆盖由于互联网金融和普惠金融兴起而产生的金融消费长尾市场部分，这意味着，中国存在大量还款能力低、有金融需求的个体，他们因缺少征信信息，甚至不被中央银行征信系统覆盖，使信贷交易风险极高，征信对这部分群体在信贷交易事前没有起到降低信息不对称的作用，在事后也无法发挥失信惩戒的机制。由于信用风险评价和行为监督的成本让大部分金融机构难以负担，金融机构为避免引发信用风险将这部分群体排斥在金融体系之外，形成了信用信息缺失和金融服务不足的循环和负反馈。随着互联网金融的崛起，正规金融系统中的长尾需求能够在互联网金融机构中快速获得金融服务。信息技术和金融业相互融合，跨越了征信不足导致的金融排斥效应，为缓解金融供求扭曲提供了有效途径。然而，征信体系不完善使信用信息共享程度不高，个体失信成本较低，导致征信机构对新金融模式下存在的过度借贷、恶意违约、虚假交易等严重毁坏互联网金融行业声誉和严重破坏正常信贷交易等新问题束手无策。

2016年，G20杭州峰会通过的《G20数字普惠金融高级原则》（以下简称《高级原则》）提出，通过开发客户身份识别系统，提高数字金融服务的可得性，该系统应可访问、可负担、可验证，并应以基于风险的方法开展客户尽职调查的各种需求和各种风险等级。区块链技术具有分布式、共识信任、加密算法、不可更改等特点，源于比特币的底层技术，在数字货币、国际支付、证券交易等场景中的应用价值被广泛讨论。本文讨论了区块链技术在征信业中的应用，认为区块链技术在丰富征信内容、强化信用信息共享、加强个人信息保护和推动征信市场化发展等方面具有积极影响，但也存在技术瓶颈和技术陷阱。

二、信息技术驱动的个人征信创新研究进展

在网络平台、大数据、区块链技术驱动下，金融创新进程加快，监管滞后和行业发展不规范使新型金融模式存在的风险不断集聚，导致行业不确定性加大，金融市场亟须个人征信系统提供有效信息支持以降低信用风险。中国人民银行征信中心与金融研究所联合课题组（2014）通过对比网络借贷与传统信贷机构信用风险管理的差异，指出网络借贷高风险源于缺少个人征信以管理借款人的信用风险。征信可降低逆向选择、降低信息租金、防范道德风险和避免出现信贷配给已经被诸多文献证明（Jappelli & Pagano，1993，2000，2002；Stiglitz & Weiss，1981）。国内关于个人征信的研究主要集中于对信用信息共享对金融可获得性和信贷违约风险的影响（胡乃红等，2016；刘春志等，2016）、个人信息保护（万存知，2017）、公共征信和市场征信模式选择（陈实，2012）等方面的研究。在网络借贷、股权众筹等新金

融模式迅速发展的大背景下，需要建立新的征信模式，以适应并支持我国金融发展的多样性。中国个人征信模式创新不仅包括完善中央银行个人征信体系、培育市场征信机构，还以互联网、大数据和云计算等信息技术对征信的改造与革新为主要关注对象。

互联网个人征信获得快速发展，但信息割裂严重。互联网个人征信通常被视为互联网技术与个人征信业务的结合，主要有三种模式，分别是上海资信牵头具有国资背景的征信模式，阿里、腾讯等依托供应链建立的征信模式，以及宜信、陆金所等网络借贷机构建设的自我服务征信系统。虽然互联网征信开始出现爆发性增长，但不同征信平台之间数据分割、系统兼容性差，征信机构有效数据积累不足（黄余送，2015）。此外，互联网个人征信主要是由具有互联网技术背景的企业开展，根据《征信业管理条例》，开展征信业务的主要应当是独立第三方，而互联网征信机构几乎都存在征信数据内部金融业务重合、可操作性过高、独立性不足、隐私保护意识不强等问题，这也是中央银行未颁发给互联网征信机构营业牌照的重要原因。

大数据征信处于开发试验阶段，非信用信息对个体违约行为的解释性有待验证。大数据征信与互联网征信的界限并不清晰，互联网征信本身有利用大数据采集数据、分析数据的业务层次。关于大数据征信的研究主要是指通过大数据技术整合海量结构性和非结构性数据来建立更加准确的信用风险识别和评价模型。刘新海和丁伟（2015）对美国 ZestFinance 公司的大数据征信的商业理念和征信技术进行了研究。研究认为，ZestFiance 以为每一个人创造公平且透明的信用信息为使命，体现了用科技力量推动普惠金融的发展，有助于打破信贷机构服务富人的怪圈；大数据征信基于多角度机器学习的预测模型是提高征信效果的重要技术；此外，ZestFinance 虽然利用大数据技术，但使用的主要还是结构化数据，对于复杂的文本数据和社交数据使用得比较少，主要原因是这些非结构性数据与被征信者信用风险的相关性没有直接的稳定联系。大数据技术在征信中的应用需要个体公开更多的隐私数据，隐私保护也相应成为大数据征信的难点。2015 年，国务院发布了《关于运用大数据加强对市场主体服务和监管的若干意见》，鼓励运用大数据创新提高为市场主体服务的水平，加强和改进市场监督，推进政府和社会信息资源开放共享，积极培育和发展社会化征信服务。这为大数据征信的发展提供了良好的政策基础。

数字信息技术已经深入渗透支付、清算、反洗钱等金融基础设施，继续扩展数字金融服务基础设施的生态系统既是践行《高级原则》理念的必要选择，也是金融体系发展的市场自发规律。建设数字普惠金融，需要为金融消费者提供基础的数字化个人征信服务和信用报告，将数字化格式的信用接入有需求的金融服务。通过数字信息技术，推动建立和负责任地使用灵活的、动态的信用记录报告机制模型，包括相关的、准确的、及时的和丰富的数据，采用系统性的方法从所有可靠、正当、可获得的资源中收集数据，并支持消费者数据保护和隐私规则（孙天琦，2016）。

目前，区块链技术在个人征信领域的应用尚处于探索阶段。尽管区块链技术和个人征信的结合是征信发展最前沿的研究，但是《高级原则》提出后，这一研究开始得到社会广泛关注和思考，尤其是区块链可将信息进行分布式存储的特点为信用信息共享带来重要启示。本文讨论了区块链技术在征信内容、信用信息共享、个人信息保护的应用价值和应用模式，解释了区块链应用于个人征信对个人征信市场发展的影响，并进一步指出了区块链技术可能存在的技术陷阱和监管漏洞。

三、数字金融资产交易扩展征信内容

自比特币出现以来，大量类似模式的数字货币相继产生。在区块链技术的基础上，数字货币具有去中心化、匿名性、可无限分割、数量有限等特点，不受任何权威机构操纵、不会发生通货膨胀、能够低成本地在全球范围内进行小额支付以及信用交易。日本、德国、澳大利亚等国家已经正式承认比特币是具有合法支付地位的货币，欧洲多个国家开发了能同时对法币和比特币提现的 ATM，比特币支付、交易开始突破社区向市场蔓延，零售商、超市逐渐接受比特币支付。从理论上来看，这些数字金融资产目前既在金融系统统计范围外，也在金融监管范围外，如果能通过改变交易模式或监管模式让数字金融资产的信用交易也纳入征信系统，将进一步提高个人信用信息的透明性。

但数字货币并非仅用来解决传统金融体系运转成本高、交易延时等不足，它的使用范围远远超出设计之初的使命，交易记录纳入征信系统十分困难。第一，数字货币币值不稳定。数字货币具有货币和资产的双重属性迅速引起社会各界关注，吸引了大量投资和投机行为，比特币从初始不足 1 元的价格一度飙升至 30000 元左右。成为货币的必要条件是要有稳定的币值，数字货币在市场投机、监管政策变化中币值波动巨大，一般的债务债权结算中必有一方承受风险损失，在商品支付中存在较高的菜单成本。数字货币的资产属性与资产价格波动严重影响了货币属性的作用，很难成为用于信贷交易的金融资产。第二，数字货币在方便支付的同时，也方便非法交易更加隐秘地进行。数字货币匿名性的特点保证了系统安全性，但洗钱、利益输送、毒品交易、涉黑行为、贩卖儿童等犯罪活动也通过数字货币的交易逃避司法追踪和法律制裁，为社会带来恶劣影响，数字货币为地下经济输入了大量流动性。作为"信任的机器"，区块链技术创造的数字货币并不值得被完全信任，犯罪活动破坏了数字货币和区块链技术的信任形象。第三，以发行代币为基础的 ICO（Initial

Coin Offering）涉嫌非法金融活动，扰乱金融市场秩序。2017 年 9 月，中国人民银行等七部委联合发布《关于防范代币发行融资风险的公告》，指出 ICO 是融资主体通过代币的违规发售、流通，向投资者筹集比特币、以太币等所谓"虚拟货币"，本质上是一种未经批准非法公开融资的行为，涉嫌非法发售代币票券、非法发行证券以及非法集资、金融诈骗、传销等违法犯罪活动，任何组织和个人不得非法从事代币发行融资活动。此外，数字货币对传统货币造成一定程度的影响，影响中央银行的宏观调控能力，资产泡沫加剧了金融市场的金融风险，有可能会引发更大的系统性风险。

数字化的货币仍然是货币形态的发展趋势，数字货币也确实具有克服电子货币、纸币缺陷的优势。中国人民银行在 2016 年就开始投入研发法定的数字货币，先后成立了金融科技委员会、数字货币研究所、中钞区块链研究院，基于区块链的数字票据交易平台已经测试成功。中央银行数字货币研究所筹备组组长、科技司副司长姚前曾公开表示，"中央银行发行数字货币的目的是替代实物现金，降低传统纸币发行、流通的成本，提升经济交易活动的便利性和透明度。"由中央银行发行数字货币具有以下优势：第一，法定数字货币具有国家信用支撑，更容易被社会广泛接受；第二，法定数字货币更有利于提高经济体系的流动性、降低交易成本；第三，法定数字货币有货币当局作为最后贷款人，不易发生货币"挤兑"危机；第四，法定数字货币供应量由货币当局调控，以满足现代经济发展的需要；第五，货币当局能够借助中央调节机制保持法定数字货币币值稳定性，让现代经济维持正常运行；第六，货币当局必会通过技术手段增强法定数字货币的安全性，保护消费者合法权益（盛松成等，2016）。法定数字货币弱化了金融资产的属性，稳定的币值增强了货币属性，可用于一般信贷交易活动。未来，法定数字货币的信用交易有可能被征信系统采集。金融机构在信贷交易事后，能够跟踪法定数字货币的流向，减少对信贷主体的行为的监督成本，降低信息不对称引发的道德风险。

四、基于联盟链技术构建分布式信用信息共享

征信的核心作用是建立信用信息共享机制以减少信息不对称来辅助金融机构了解资金需求者还款能力和信用状况。信息共享机制是指信息主体的信息在征信系统内部，以及通过征信系统和信息主体的授权在不同层次、不同部门间的交流与共享。金融机构和征信机构的信息共享有双向性特点，金融机构需在征信系统中查询借款者信用信息，借款者获得信用资金后的履约行为也将由金融机构传送至征信系统，以供未来其他机构获得借款者的信用历史记录。在中国，从事信贷业务的金融机构

往往是通过耗费大量成本审查借款人，先是做了征信的内容，然后才是金融业务的开展，这也是金融机构经营成本高和制约普惠金融发展的因素。原因是中国征信体系的信息共享机制发展严重落后于信用经济的增长，既存在信息共享深度的不足，也存在信息共享广度的不足。信息共享深度包括正面信息、负面信息、信息来源、信用记录历史，体现为借款者信息的全面性；信息广度包括信息流通性、信息共享覆盖的范围，体现为金融基础设施的可获得性。信息共享机制有助于解决逆向选择和道德风险问题（Pagano & Jappelli，1997），有助于缩短金融机构处理贷款申请时间，降低金融机构运营成本，提高金融体系效率（Miller，2003）。

区块链分布式存储提供了信息共享的物理基础，分布式程度具有良好的伸缩性，根据不同协议既可以选择完全去中心化，也可以实现部分中心化或完全中心化。共享本身有去中心化的特点，但完全去中心化则无法保证数据不被滥用，所以采用不完全去中心化的联盟链技术为基础建立区块链征信以及共享机制，将能够在更安全的范围内发挥征信体系的信息共享功能。区块链征信信息共享机制可依据以下四个标准：标准一，区块链征信系统采用联盟连，制定市场进入准则，符合规定的机构才拥有经营或使用征信产品的权限，被赋予权限的机构将进入区块链征信系统并获得区块链征信系统中同样的数据从而可以进行信息共享。标准二，征信机构需要收集个体信用信息，存储到自动生成的某一编号的区块链上，然后通过广播技术将信息扩散至全网，所有征信机构和金融机构存储的信息会得到同步更新。标准三，金融机构将借款者履约或者违约信息上传到区块链征信系统，需要经过包括借款者在内的大部分节点的核实，只有大多数节点承认信息符合现实才能上传到区块链征信系统进行共享。标准四，信息失真主要发生在信息录入系统的过程中，信息主体具有信息异议权，如果信息确实存在失真情况，区块链征信系统需新生成新区块存储正确信息，并标明之前的区块已经作废。

个体与机构之间、征信机构之间、征信机构与金融机构之间的信息共享对普惠金融发展意义深远，信息共享深度和广度的增加将在更大范围内提高金融可获得性，增强金融对实体经济发展的支持作用，信息共享通过缓解信息不对称问题降低金融体系中的信用风险，使金融风险更加可控，减少过度负债和违约行为的发生。目前区块链征信尚未真正落地，区块链技术也在初期发展阶段，关于区块链征信的技术研究刚刚展开，腾讯征信、芝麻征信、前海征信、拉卡拉征信等征信机构参与了中央银行组织的个人征信试点，也正在积极研究区块链技术在征信中的应用。

五、区块链技术缓解信用信息共享与隐私保护矛盾

个人信用信息收集是征信业赖以开展最为基础的工作，笔者已经在上文中拓展

了个人信用信息的范畴，创新了信息收集、处理的技术方案，构建了信用信息共享的机制，但与此紧密相关的个人信息保护问题还未讨论。新古典经济学框架下，完全竞争市场效率最高、社会总体福利最大，其实现的条件之一是信息完备。若消费者了解相同产品的所有价格，竞争将使市场价格下降，消费者福利也获得改善；若公司能够掌握面试者全部信息，劳动市场效率会提升，自然失业率将下降；若金融机构能确定借款者信用历史和未来信用行为，将更能有效地避免信用风险和金融危机。现实经济中，这种极端场景几乎不存在，既有社会信息流动的自然障碍，也有组织机构刻意营造的信息壁垒，还有各界个人对信息保护的诉求。但个人信息保护降低了市场效率（Posner，1981），在特定情况下，经济资源和生产要素最终将被低效使用，奖惩变得不公平，因为关于产品或个人质量的信息在市场上已经不存（Stigler，1980）。就金融市场而言，个人信用信息保护将使金融交易效率下降，不利于一国金融发展。

信息共享和个人信息保护构成解决金融市场信息不对称问题和发展信息经济理论的一组矛盾，个人和机构也常常面临这组矛盾的权衡与选择。扩大信息披露程度虽然缓解了信息不对称，但潜在隐私泄露风险对经济和社会具有不可估量的破坏性。Posner 和 Stigler 的研究受限于时代的发展，没有预料到互联网的发展使信息交流获得极大提升，监控设备、智能设备和信息处理程序正在覆盖全球各个角落，每时每刻都发生着数据访问、收集、传送与处理，更未预见到个人隐私被迫暴露在各种网络端口之间，数据贩卖泛滥成灾、电信诈骗肆虐横行，给社会带来沉重灾难。数据贩卖的隐蔽性、快速性使个人隐私保护的相关法律发挥的作用非常有限。中国人民银行副行长陈雨露认为，加强个人信息保护是依法维护公众切身利益的迫切需要，是促进数字经济创新发展的迫切需要，是积极应对公众信息泄露事件多发的迫切需要，并指出征信机构应防止个人信息被过度采集、不当加工和非法使用，防范对个人隐私和商业秘密的侵害，切实维护信息主题合法权益。[1]

条件约束、利益不一致经常使信息共享和信息保护得不到均衡调节，技术进步是解决关键矛盾推动社会不断向前发展的不竭动力。兼具共享性和安全性的区块链技术是构建新的征信体系最令人兴奋的因素之一。

信息技术的发展已经推动数据量程指数级增长，目前全球 90% 的数据都是过去短短几年中形成的。[2] 在大数据时代，企业和机构依靠收集数据生产个性化产品与服务、优化企业决策、预测未来市场趋势等，数据被极大化收集、分析为创新和经

---

① http://www.pbc.gov.cn/goutongjiaoliu/113456/113469/3296799/index.html

② Data B. for better or worse：90% of world's data generated over last two years ［J］. SCIENCE DAILY，May，2013，22.

济发展提供了动力。征信机构或金融组织以数据为基础来评价个人信用的机制是必要而且唯一的选择，不可能使用除信息以外其他个人属性作为评价依据。区块链技术的发展有可能为个人信用信息保护提供技术支持：首先，区块链信息网络不易被攻破。区块链在全网分布式存在，单点受到计算机病毒的攻击或出现人工操作失误不会影响信息完整，只有改写全网50%以上的节点才有可能对个人信息进行修改或提取。其次，非对称加密算法为个人信息提供深度加密保护。在录入征信系统后，个人信息可经过同态加密、零知识证明等算法进行加密处理。征信本身就包含着信息共享与信息保护的双重责任，但其发展又受到这两者的矛盾不可调和性的制约。区块链技术的非对称加密功能，有利于保护信息数据的私密性，区块链的分布功能，有利于保护信息数据的完整性，加密算法和区块链技术的结合将有可能缓和信息共享与信息保护的矛盾。

六、基于区块链技术个人征信的进一步讨论

（一）区块链技术将推动征信市场化发展

中国公共征信占主导地位，市场征信尚未形成能有效补充公共征信漏损群体的规模。企业征信发展相对成熟，个人征信业务有待改善，征信技术水平亟待升级，机构运营成本居高不下，面向高信用群体的征信有一定的经验，面向低信用群体的征信有效性不足，导致中国金融规模虽然增长迅速，但普惠金融供给缺口日益增大。

中国人民银行征信管理局明确指出，民营征信机构必须在机构独立性、个人信用信息安全性、征信报告应用规范性、信用评价指标合理性达到监管标准才能被允许开展征信业务。然而，腾讯征信、芝麻信用、前海征信、拉卡拉征信、中智诚征信、中诚信征信、鹏元征信和华道征信八家民营企业参与央行组织的个人征信试点后没有一家能够达到监管标准。第一，民营征信试点机构不满足机构独立的属性。机构独立性是国际公认的征信准则，有两个方面的要求：一方面是指信息采集机构和信息生产者没有任何关系，征信机构是独立的第三方，不会在业务执行中与交易双方产生利益冲突，与交易双方都没有利益关系，业务范围与交易双方存在异质性。另一方面是指征信机构股权较为分散，没有任何大股东能单独对企业经营、人事安排、财务核算等方面进行操纵或控制。腾讯征信等八家企业或参与金融相关业务，或面临着股权集中较高的问题。第二，个人信用信息安全性未达到标准。建立在传统数据库技术的信息存储和传输网络系统存在信息被盗用的风险，通过网络攻击和发送恶意链接等方式偷盗腾讯账户、淘宝账户的事件频繁发生，一些重要的个人隐

私被不法分子获取后进行违法利用或向黑市销售，人民财产及生命安全受到严重威胁，而大数据的发展又加剧了这种威胁。第三，征信报告的使用不规范。《征信业管理条例》规定，征信报告以及从征信机构获得的信用信息只能应用于信贷等金融业务，以及得到监管部门授权的相关业务。征信机构与监管机构之间存在信息不对称，征信领域向民营资本开放后，征信监管将面临较大的不确定性，征信报告产品很有可能被应用到其他领域，扰乱征信业的秩序，脱离了征信的本质和核心功能，对经济运行产生严重干扰。第四，信用评价指标不合理。大数据征信在业内呼声很高，但通过大数据分析相关性不强的指标之间的关联度是否作为评价个人信用水平的参考仍然需要进一步研究，将网络购物习惯、网络活动产生的数据作为信用信息的反映项目前并没有理论根据，也难以刻画动态变化的个人信用。

区块链征信系统有良好的信用信息保护性能，分布式网络及加密技术既可抗拒大规模网络攻击，也能承受高强度的物理攻击。区块链征信系统形成后，征信机构、各征信使用者处于同一对等网络下，监管机构可通过查询征信使用者经营领域和从事业务对征信产品使用规范性进行监督。分布式存储系统是所有接入机构都共享同一信用信息数据库，区块内容写入标准建立后能排除相关性不强的冗余数据，做到每个区块上都是高质量信用信息。区块链征信可解决民营征信业推进过程中面临的多方面困境，补充公共征信的不足，扩大中国征信体系覆盖范围。

（二）区块链技术应用于征信中的技术陷阱

《征信管理条例》第十六条规定"征信机构对个人不良信息的保存期限，自不良行为或者事件终止之日起为 5 年；超过 5 年的，应当予以删除。"区块链的特点之一就是不可更改的时间数据链，即使一个节点删除数据，其他节点将在系统内拒绝承认删除操作的合法性。维克托·迈尔 – 舍恩伯格（Viktor Mayer – Schönberger）在其著作《删除》（Delete：The Virtue of Forgetting in the Digital Age）一书中到，"对于人类而言，遗忘一直是常态，而记忆才是例外。然而，由于数字技术与全球网络的发展，这种平衡已经被打破。如今，往事正像刺青一样刻在我们的数字皮肤上，遗忘已经变成了例外，而记忆却成了常态……"以区块链技术为核心构建的征信系统正是一个可永久记录一切录入信息的数据网络，这将导致用户信息"被遗忘"的权利被侵害。

《征信机构管理办法》第三十条规定"征信机构应当按照国家信息安全保护等级测评标准对信用信息系统的安全情况进行测评。征信机构信用信息系统安全保护等级为二级的，应当每两年进行测评；信用信息系统安全保护等级为三级以及以上的，应当每年进行测评。"公有链的技术架构并不能满足国家征信，征信系统不可能对所有人开放，公有链容错性能较高实际上会允许多个错误节点甚至恶意节点存在，即使接触这些未清理的失效节点可能低，也有可能造成严重后果。所以区块链征信应选用联盟链构建。

区块链应用于个人征信存在未知风险。纵观历史，采用技术越高的系统，当受到不可抗拒的严重攻击时，产生的打击也越大，甚至是毁灭性打击。任何网络系统都是人构建的，人类天生具有缺陷，所构建网络系统也不存在绝对安全。虽然目前区块链技术安全性非常高，但随着技术发展，未来是否能够破解区块链加密机制的技术具有很大不确定性。第二种风险来自使用者和监管，如何确保区块链征信产品被用于发展普惠金融需要监管的指引和规范，对于一向带有滞后性质的监管系统，可以在系统建立运行初期是难以遏制征信产品不被滥用的违规风险。另一种风险来自系统自身，区块链征信系统内包含所有人重要信息，智能化的网络有可能取得区块链征信的管理权限引发意想不到的风险，让我们失去控制系统的能力。

参考文献

［1］孙天琦．G20 数字普惠金融高级原则：背景、框架和展望［J］．清华金融评论，2016（12）：29－33．

［2］孙国茂．尽快推进普惠金融制度体系建设［N］．经济参考报，2017－03－03（008）．

［3］孙国茂．区块链技术的本质特征及在证券业的应用［N］．上海证券报，2017－02－08（008）．

［4］孙国茂．互联网金融：本质、现状与趋势［J］．理论学刊，2015（3）：44－57．

［5］孙国茂，安强身．普惠金融组织与普惠金融发展研究［M］．北京：中国金融出版社，2017．

［6］孙国茂．区块链技术的本质特征及其金融领域应用研究［J］．理论学刊，2017（02）．

［7］陈实．个人征信体系国际比较及其启示［J］．金融论坛，2012（10）：75－80．

［8］胡乃红，谷文臣，周宇泽．信息共享、信贷可得性和信贷违约风险——基于2004－2014年欧盟国家的经验分析［J］．上海金融，2016（6）：33－39．

［9］黄余送．网络借贷与互联网征信［J］．征信，2015（5）：14－19．

［10］刘春志，张雪兰，陈亚男．信用信息分享、银行集中度与信贷供给——来自165个国家和地区（2004－2013）的经验证据［J］．国际金融研究，2016（12）：43－53．

［11］刘新海，丁伟．美国 ZestFinance 公司大数据征信实践［J］．征信，2015（8）：27－32．

［12］盛松成，蒋一乐．货币当局为何要发行央行数字货币［J］．清华金融评论，2016（12）：61－64．

［13］万存知．个人信息保护与个人征信监管［J］．中国金融，2017（11）：16－18．

［14］杨光. 征信体系降低融资约束功能的实证研究——基于2011—2014年90个国家面板数据的分析［J］. 海南金融，2016（7）：60－63＋79.

［15］中国人民银行征信中心与金融研究所联合课题组，纪志宏，王晓明，曹凝蓉，金中夏，伍旭川，黄余送，张晓艳. 互联网信贷、信用风险管理与征信［J］. 金融研究，2014（10）：133－147.

［16］Jappelli T，Pagano M. Information sharing，lending and defaults：Cross－country evidence［J］. Journal of Banking & Finance，2002，26（10）：2017－2045.

［17］Miller，Margaret J.，ed. Credit reporting systems and the international economy. Mit Press，2003.

［18］Padilla A J，Pagano M. Endogenous communication among lenders and entrepreneurial incentives［J］. The review of financial studies，1997，10（1）：205－236.

［19］Padilla A J，Pagano M. Sharing default information as a borrower discipline device［J］. European Economic Review，2000，44（10）：1951－1980.

［20］Pagano M，Jappelli T. Information sharing in credit markets［J］. The Journal of Finance，1993，48（5）：1693－1718.

［21］Posner R A. The economics of privacy［J］. The American economic review，1981，71（2）：405－409.

［22］Stigler G J. An introduction to privacy in economics and politics［J］. The Journal of Legal Studies，1980，9（4）：623－644.

［23］Stiglitz J E，Weiss A. Credit rationing in markets with imperfect information［J］. The American economic review，1981，71（3）：393－410.

［24］Turner，M.，Varghere，R.，Walker，P.，Chaudhuri，S. The Impacts of Information Sharing on Competion in Lending Market［R］. Perc Results and Solution Report，2014（10）.

责任编辑：刘　坤
助理编辑：黄欣颖